بسم الله الرحمن الرحيم

Au Nom d'Allah le Tout Clément, le Tout Miséricordieux

GUIDE CONCIS ET ILLUSTRE SUR LA COMPREHENSION DE L'ISLAM

Traduction en Français de la version anglaise du livre:
A Brief Illustrated Guide to Understanding Islam,
2ème Edition, par I. A. Ibrahim
Traduit par Mohamed Lamine Ben Brahim
Revu par Dr. Kacem Hamza

Révision générale de la version anglaise

Dr. William (Daoud) Peachy
Miachael (Abdul-Hakim) Thomas
Tony (Abu-Khaliyl) Sylvester
Idris Palmer
Jamaal Zarabozo
Ali Al Timimi

Révision scientifique de la version anglaise

Professor Harold Stewart Kuofi
Professor F. A. State
Professor Mahjoub O. Taha
Professor Ahmad Allam
Professor Salman Sultan
Associate Professor H. O. Sindi

DARUSSALAM
DISTRIBUTEUR INTERNATIONAL DE LIVRES ISLAMIQUES
Riyadh, Jeddah, Al-Khobar, Sharjah
Lahore, Londres, Houston, New York

Droits d'édition

Pour nouvelles éditions

Les nouvelles éditions ou reproductions de ce livre en entier sont autorisées gratuitement à condition qu'il n'y ait aucun changement, ajout ou omission. Pour garantir une production de haute qualité, vous pouvez contacter l'auteur pour obtenir des copies gratuites des documents informatisés de ce livre (adresse à la page 68)

Web Site de ce livre

Pour ce livre en entier, ainsi que pour obtenir plus d'informations sur l'Islam, Visitez le site:

www.islam-guide.com/fr

1ère Edition

© Ibrahim Ali Ibrahim Abu-Harb, 2002

King Fahd National Library Cataloging-in-Publication Data

Abu-Harb, Ibrahim Ali Ibrahim
Guide concis et illustré sur la compréhension de l'islam. / Ibrahim Ali Ibrahim Abu-Harb. - Riyadh, 2002
74p ; 14x21cm

ISBN: 9960-43-315-3
1- Islam 2- Islam - General principles 1-Title
210 dc 1423/5366

L.D. no. 1423/5366

ISBN: 9960-43-315-3

Publié par Darussalam, Editeurs et Distributeurs.

TABLE DES MATIÈRES

Chapitre 3

INTRODUCTION

Ce livre est un guide concis sur l'Islam. Il consiste en trois chapitres. Le premier chapitre, **"Quelques preuves sur la vérité de l'Islam"**, répond à quelques questions importantes que certaines gens posent; notamment:

- Est-ce que le Coran est vraiment la parole d'Allah, révélée par Lui?
- Est-ce que Mohammed ﷺ est vraiment un prophète envoyé par Allah?
- Est-ce que l'Islam est vraiment une religion d'Allah?

Dans ce chapitre, six genres de preuves sont cités:

1) **Les miracles scientifiques dans le Coran**: Cette section met en relief (avec illustration) quelques faits scientifiques récemment découverts cités dans le Coran qui a été révélé il y a quatorze siècles.

2) **Le grand défi de produire un chapitre semblable à ceux du Coran:** Dans le Coran, Allah a défié tous les êtres humains de produire un seul chapitre semblable à ceux du Coran. Depuis la révélation du Coran, il y a quatorze siècles, personne n'a été capable d'affronter ce défi jusqu'à nos jours, même un chapitre semblable au plus petit chapitre dans le Coran (Chapitre 108) qui se compose de dix mots.

3) **Les Prophéties Bibliques sur la venue de Mohammed ﷺ, le prophète d'Islam**: Dans cette section, quelques-unes des prophéties Bibliques sur la venue du Prophète Mohammad ﷺ sont discutées.

4) **Les versets dans le Coran qui**

(1) Ce signe se compose de termes arabes signifiant. "Que la priere et le salut d' Allah soient sur lui".

annoncent des événements futurs qui se sont produits par la suite: Le Coran a cité des événements futurs qui se sont manifestés par la suite, telle que la victoire des Romains sur les Persans.

5) **Des miracles du Prophète Mohammed** ﷺ: Beaucoup de miracles ont été l'œuvre du Prophète Mohammad ﷺ. Beaucoup de gens en furent les témoins.
6) **La vie simple de Mohammed** ﷺ: Cela indique clairement que Mohammed ﷺ n'était pas un faux prophète qui a prétendu à la prophétie pour réaliser des gains matériels, pour la gloire, ou le pouvoir.

De ces six types d'évidences, nous concluons ce qui suit:

- Le Coran doit être la parole d'Allah, révélée par Lui.
- Mohammed ﷺ est vraiment un prophète envoyé par Allah.
- L'Islam est vraiment la religion d'Allah.

Si nous désirons savoir si une religion est vraie ou fausse, nous ne devons pas nous fier à nos émotions, sensations, ou à nos traditions. Nous devons, plutôt nous fier à notre raison et notre intelligence. Lorsque Allah a envoyé les prophètes, Il les a soutenus avec des miracles et des signes qui prouvent qu'ils étaient des prophètes envoyés par Allah et que la religion avec laquelle ils sont venus est vraie.

Le deuxième chapitre, **"Quelques bienfaits de l'Islam"**, cite des bénéfices que l'Islam fournit à l'individu, tels que:

1) Le Paradis éternel.
2) Se racheter de l'Enfer
3) le vrai bonheur et la paix intérieure.

Le troisième chapitre, "**Information générale sur l'Islam**" fournit une information générale sur l'Islam, corrige des idées erronées à son sujet et répond communément à certaines questions soulevées, telles que:

Que dit l'Islam au sujet du terrorisme?

Quelle est la condition des femmes dans l'Islam?

Chapitre 1

QUELQUES PREUVES SUR LA VERITE DE L'ISLAM

Allah a soutenu Son dernier Prophète Mohammed ﷺ avec beaucoup de miracles et de preuves évidentes qui prouvent qu'il est un vrai Prophète envoyé par Allah. Aussi, Allah a soutenu Son dernier livre révélé, le Coran, avec beaucoup de miracles qui prouvent que ce Coran est la parole d'Allah, révélée par Lui, et qu'il n'a pas été inventé par un être humain. Ce chapitre discute quelques-unes de ces preuves.

(1) Les miracles scientifiques dans le Coran

Le Coran est la parole d'Allah qu'Il a révélée à Son Prophète Mohammed ﷺ à travers l'Ange Gabriel. Il a été mémorisé par Mohammed ﷺ, qui, alors, l'a dicté à ses compagnons. Ces derniers, à leur tour, l'ont mémorisé, écrit, et révisé avec le Prophète Mohammed ﷺ. En plus, le Prophète Mohammed ﷺ révisait le Coran avec l'Ange Gabriel chaque année une fois. Durant la dernière année, ils le révisèrent deux fois. Depuis la révélation du Coran jusqu'à nos jours, il y eut toujours un nombre énorme de musulmans qui ont mémorisé tout le Coran, lettre par lettre. Certains ont été capables de mémoriser tout le Coran à partir de l'âge de dix ans. Pas une lettre du Coran n'a été changée à travers les siècles.

Le Saint Coran

Le Coran qui a été révélé il y a quatorze siècles, a cité des faits qui n'ont été découverts ou prouvés par les scientifiques que récemment. Cela prouve sans doute que le Coran doit être la parole d'Allah, révélée par Lui au Prophète Mohammed ﷺ, et que le Coran n'était pas écrit (inventé) par Mohammed ﷺ ni par aucun autre être humain. Cela prouve aussi que Mohammed ﷺ est vraiment un prophète envoyé par Allah. Il est peu probable que quelqu'un ait pu connaître, quatorze siècles avant, ces faits qui n'ont été découverts ou prouvés que récemment à l'aide de la technologie avancée et de méthodes scientifiques sophistiquées. Voici quelques exemples:

A) Le Coran et l'évolution embryonnaire de L'être humain

Dans le Coran, Allah parle des différentes étapes d'évolution de l'embryon humain:

﴾Nous avons certes créé l'homme d'un extrait d'argile, puis Nous en fîmes une goutte de sperme dans un reposoir solide. Ensuite, Nous avons fait du sperme une *alakah* (sangsue, chose suspendue, caillot de sang); et de la *alakah* Nous avons créé une *modghah* (substance mâchée)...﴿[2] (23:12-14).

Linguistiquement, le mot Arabe *Alakah* a trois significations: (1) la sangsue, (2) la chose suspendue, et (3) le caillot de sang.

En comparant une sangsue à un embryon à l'étape de la *Alakah*, nous trouvons une ressemblance entre les deux[3], tel que nous pouvons le voir en figure 1. De même, l'embryon à cette étape se nourrit du sang de la mère, semblable à la sangsue qui se nourrit du sang des autres[4].

(2) Notez que ce qui est entre ces parenthèses ﴾...﴿ dans ce livre est une traduction du sens du Coran. Il n'est pas le Coran lui-même qui est en arabe.

(3) *The Developing Human*, Moore & Persaud, 5ème éd., p. 8.

(4) *Human Developing as Described in the Coran and Sunna*, Moore et autres, p. 36.

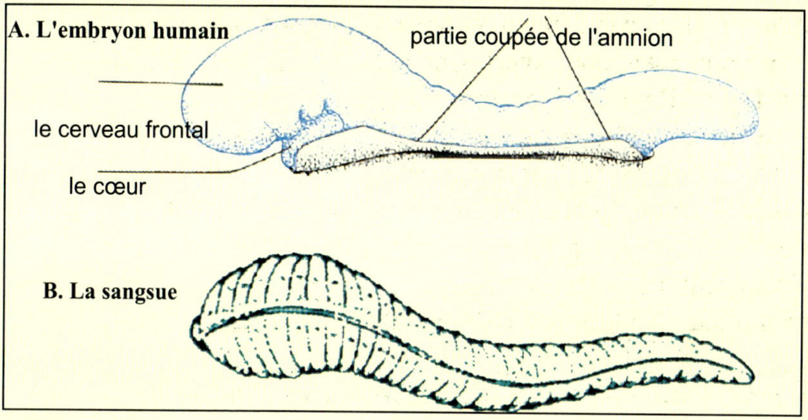

Figure 1: Dessins illustrant les ressemblances dans l'apparence entre la sangsue et l'embryon humain à l'étape de la *A̲laḵah*. (Leech drawing from *Human Development as Described in the Qur'an and Sunnah*, Moore et autres, p. 37, modifiés de *Integrated Principles of Zoology*, Hickman et autres. Dessin de l'embryon tiré de *The Developing Human*, Moore et Persaud, 5ème éd., p. 73).

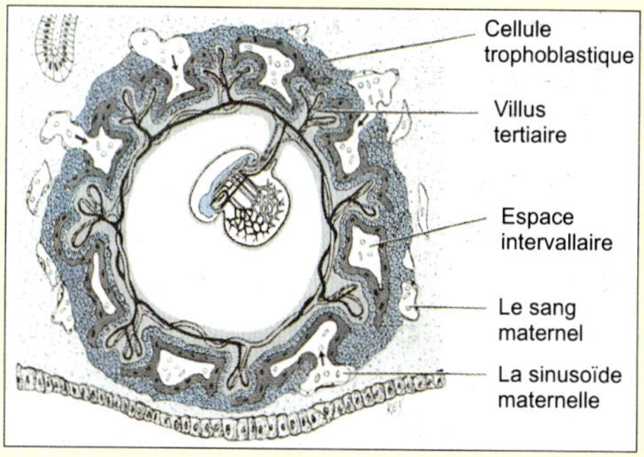

Figure 2: Nous pouvons constater dans ce diagramme la suspension de l'embryon pendant l'étape de la *A̲laḵah* dans l'utérus de la mère. (*The Developing Human*, Moore et Persaud, 5ème éd., p. 66).

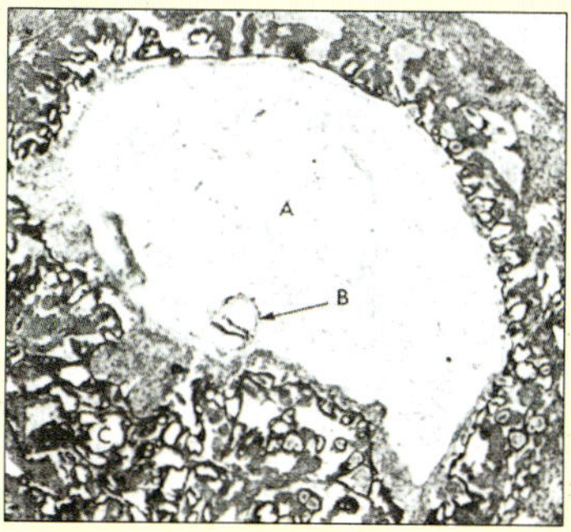

Figure 3: Dans ce diagramme, nous pouvons constater la suspension de l'embryon (marqué B) pendant l'étape de la *A̲laḵah* (environ 15 jours) dans l'utérus de la mère. La dimension réelle de l'embryon est environ 0.6 mm. (*The Developing Human*, Moore, 3ème éd., p. 66, tiré de *Histology*, Leeson et Leeson).

La troisième signification du mot Ala*k*ah est "caillot de sang." Nous trouvons que l'apparence externe de l'embryon et ses sacs pendant l'étape de la *Alakah* est semblable à celle d'un caillot de sang. Cela est dû relativement à la présence de la grande quantité de sang qui se trouve dans l'embryon pendant cette étape[5] (voir figure 4). Aussi pendant cette étape, le sang ne circule pas dans l'embryon jusqu'à la fin de la troisième semaine[6]. Donc, l'embryon à cette étape est comme un caillot de sang.

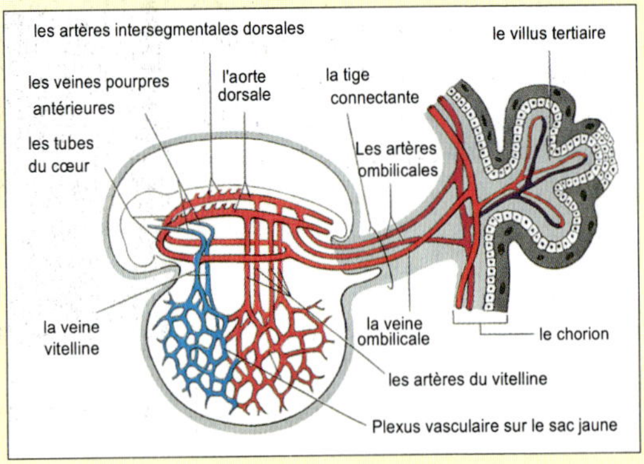

Figure 4: Diagramme du système cardio-vasculaire primitif dans un embryon pendant l'étape de la *Alakah*. L'apparence externe de l'embryon et ses sacs est semblable à celle d'un caillot de sang, dû relativement à la grande quantité de sang qui se trouve dans l'embryon. (*The Developing Human*, Moore, 5ème éd., p. 65).

Ainsi, les trois significations du mot *alakah* correspondent correctement aux descriptions de l'embryon à l'étape de la *alakah*.

L'étape suivante citée dans le verset est celle de la *modghah*. Le mot Arabe *modghah* signifie "substance mâchée". Si on prend un morceau de chewing-gum et on le mâche dans la bouche puis on le compare avec un embryon à l'étape de la *modghah*, nous pouvons constater que l'embryon à l'étape de la *modghah* acquiert l'apparence d'une substance mâchée. Cela est dû aux cotylédons au dos de l'embryon qui "ressemblent quelque peu à des marques de dents dans une substance mâchée".[7] (Voir figures 5 et 6).

Comment Mohammed ﷺ pouvait-il savoir tout cela il y a 1400

(5) *Human Developing as Described in the Coran and Sunna*, Moore et autres, pp.37-38.

(6) *The Developing Human*, Moore & Persaud, 5ème éd., p. 65.

(7) *The Developing Human*, Moore & Persaud, 5ème éd., P. 8.

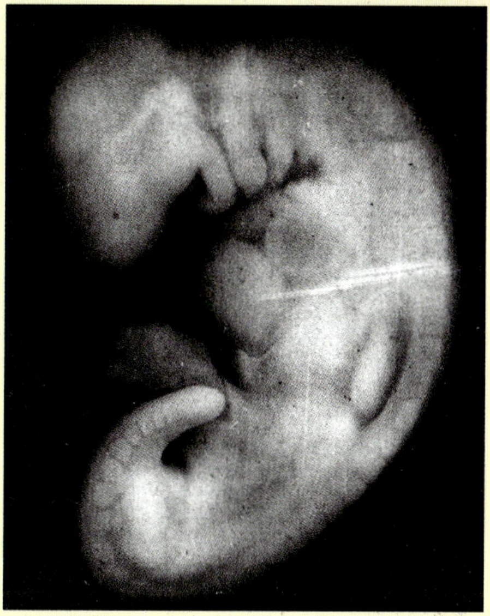

Figure 5: Photographie d'un embryon à l'étape de la *Modghah* (environ 28 jours). L'embryon à cette étape acquiert l'apparence d'une substance mâchée, parce que les cotylédons au dos de l'embryon ressemblent quelque peu à des traces de dents dans une substance mâchée. La dimension réelle de l'embryon est 4 mm. (*The Developing Human*, Moore et Persaud, 5ème ed., p. 82, du Professeur Hideo Nishimura, Université Kyoto, Kyoto, Japon).

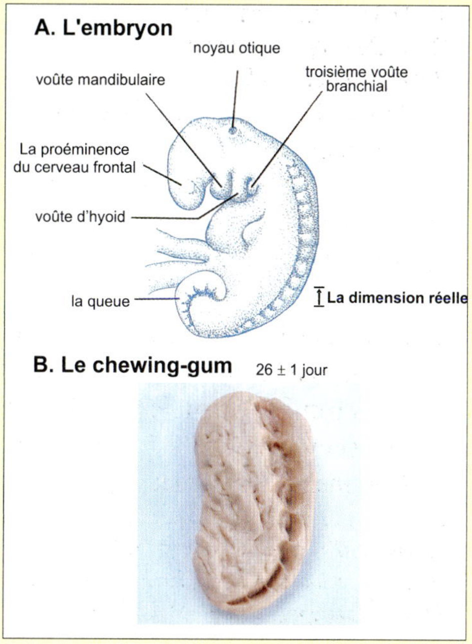

Figure 6: Quand on compare l'apparence d'un embryon à l'étape de la *Modghah* avec un morceau de chewing-gum mâché, on trouve une ressemblance entre les deux.

A) Dessin d'un embryon à l'étape de la *modghah*. Nous pouvons constater ici les cotylédons sur le dos de l'embryon qui ont l'apparence de traces de dents. (*The Developing Human*, Moore et Persaud, 5ème ed., p. 79).

B) Photographie d'un morceau de chewing-gum mâché.

ans, alors que les scientifiques n'ont découvert ce fait, malgré l'utilisation de la technologie avancée et des microscopes puissants, inexistants en ce temps-là, que récemment? Hamm et Leeuwenhoek étaient les premiers savants qui avaient observé des cellules humaines du sperme (spermatozoïdes) en utilisant un microscope avancé en 1677 (plus de 1000 années après Mohammed ﷺ). Par erreur ils pensèrent que la cellule du sperme contenait une miniature humaine qui grandit quand elle a été déposée dans l'organe génital féminin[8].

Le professeur Emeritus Keith L. Moore est l'un des savants les plus proéminents en anatomie et embryologie. Il est aussi l'auteur du livre intitulé *The Developing Human* qui a été traduit en huit langues. Ce livre est un travail de référence scientifique choisi par un comité spécial aux Etats-Unis comme étant le meilleur livre écrit par un auteur. Dr. Keith Moore est Professeur Emeritus d'anatomie et de biologie de la cellule à l'Université de Toronto, Toronto, Canada. Il était Doyen Associé des Sciences de base à la Faculté de Médecine et était, pendant 8 ans, le chef du département d'anatomie. En 1984, il reçut le prix le plus distingué désigné pour le domaine de l'anatomie au Canada, le prix de l'Association Canadienne des Anatomistes (J.C.B.). Il diriga plusieurs associations internationales, notamment l'Association canado-américaine d'anatomistes et le Conseil de l'Union des Sciences Biologiques.

En 1981, pendant la septième Conférence Médicale à Dammam, en Arabie Séoudite, le Professeur Moore dit: "J'ai eu le grand plaisir de clarifier des propos dans le Coran au sujet de l'évolution humaine. Il m'est clair que ces propos ne pouvaient être révélés à Mohammed que d'Allah, car toute cette connaissance n'a été découverte qu'un nombre de siècles plus tard. Cela prouve que Mohammed est un messager d'Allah."[9]

Par conséquent, le Professeur Moore fut interrogé: "Est-ce que cela veut dire que vous croyez que le Coran est la parole d'Allah?"

---

(8) *The Developing Human*, Moore & Persaud, 5ème éd., p. 9.

(9) *This is the Truth* (videocassette).

Il répondit: “Je ne trouve aucune difficulté à accepter ceci.”[10]

Pendant une conférence, le Professeur Moore affirma: “…Puisque la formation des embryons humains est complexe, du fait du processus continu de changement pendant l’évolution, un nouveau système de classification est proposé, utilisant les termes cités dans le Coran et la Sunna (ce que Mohammed ﷺ dit, fit, ou ce qu’il approuva). Le système proposé est simple, complet, et conforme à la connaissance embryologique. Les études intensives sur le Coran et le Hadith (rapports transmis authentiquement par les compagnons du Prophète Mohammed ﷺ de ce qu'il dit, fit, ou approuva) pendant les quatre dernières années ont révélé un système de classification étonnante des embryons humains depuis le septième siècle Grégorien. Bien qu'Aristote, le fondateur de la science de l'embryologie, se soit rendu compte que les embryons du poussin se développaient par étapes au cours de ses études des œufs de poule (quatrième siècle avant Jésus-Christ), il n'a, cependant, pas donné de détails au sujet des étapes. L’histoire de l’embryologie est peu connue et ce manque de connaissance s’applique aussi sur la classification des embryons humains, et ce jusqu'au vingtième siècle. Pour cette raison, les descriptions de l'embryon humain dans le Coran ne doivent pas être basées sur la connaissance scientifique du septième siècle. La seule conclusion raisonnable est que ces descriptions ont été révélées à Mohammed par Allah. Il n'aurait pas pu savoir de tels détails parce qu'il était un homme illettré et sans aucune formation scientifique.”[11]

B) Le Coran et les montagnes

Un livre intitulé *Earth* constitue le manuel scolaire de référence de base dans beaucoup d'universités dans le monde. L’un de ses deux auteurs est le Professeur Emeritus Frank Press. Il était le Conseiller Scientifique de l’ex-Président Américain Jimmy Carter, et était pendant 12 ans le président de l'Académie Nationale des Sciences à Washington, DC. Son livre démontre que les montagnes reposent sur des racines.[12] Ces racines sont enfoncées profondément dans la terre, et ainsi les montagnes ont une forme de piquet (voir figures 7, 8, et 9).

(10) *This is the Truth* (videocassette).

(11) *This is the truth* (videocassette).

(12) *Earth,* Press & Siever, p. 435. Voir aussi *Earth Science* , Tarbuck & Lutgens, p. 157.

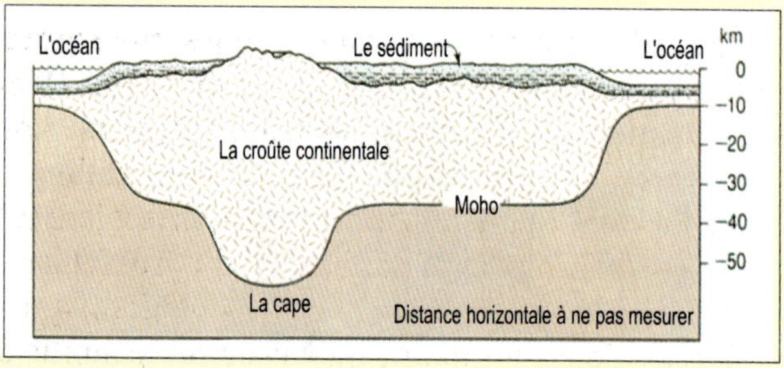

Figure 7: Les montagnes ont des racines profondes sous la surface de la terre. (*Earth*, Press et Siever, p. 413).

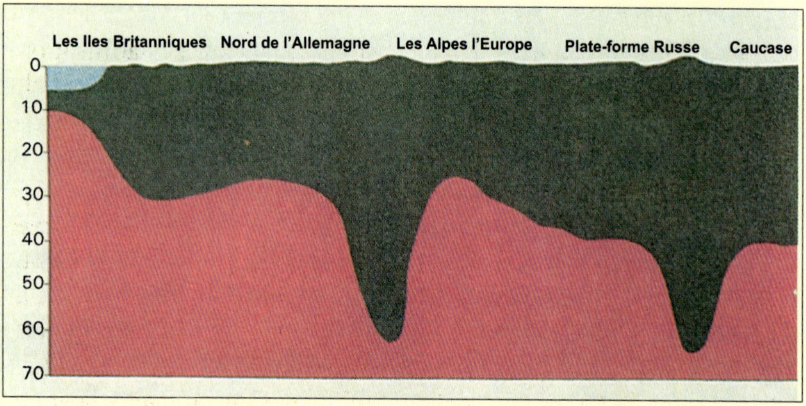

Figure 8: Section schématique. Les montagnes, comme des piquets, ont des racines profondes enfoncées dans la terre. (*Anatomy of the Earth*, Cailleux, p. 220).

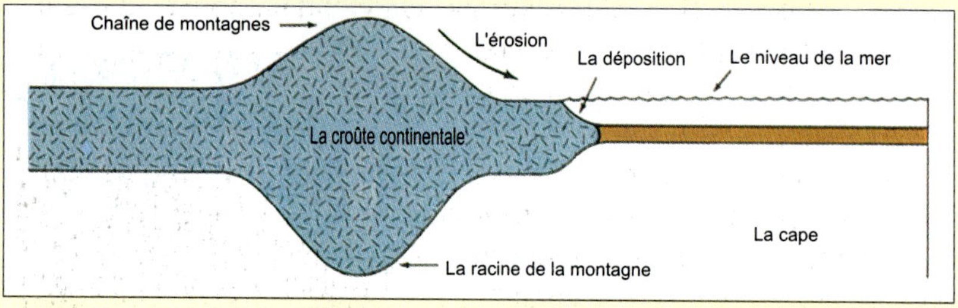

Figure 9: Une autre illustration montre que les montagnes sont en forme de piquets, reposent sur leurs racines profondes. (*Earth Science*, Tarbuck et Lutgens, p. 158).

C'est ainsi que le Coran décrit les montagnes. Allah dit dans le Coran: **﴾N'avons-Nous pas fait de la terre une couche? Et (placé) les montagnes comme des piquets?﴿** (78:6,7).

La géologie moderne prouve que les montagnes ont des racines profondes sous la surface de la terre (voir figure 9) et que ces racines peuvent atteindre plusieurs fois leur hauteur au-dessus de la surface de la terre[13]. Ainsi le mot le plus convenable pour décrire les montagnes sur la base de cette information est le mot "piquet", dont la racine est cachée sous la surface de la terre. L'histoire de la science nous indique que la théorie des montagnes qui ont des racines profondes n'a été introduite qu'à la dernière moitié du dix-neuvième siècle[14].

Les montagnes jouent aussi un rôle important dans la stabilisation de la croûte de la terre[15]. Ils entravent les secousses de la terre. Allah dit dans le Coran:

﴾Et Il a implanté des montagnes immobiles dans la terre afin qu'elle ne branle pas en vous emportant avec elle...﴿(16:15).

Egalement, la théorie moderne des plaques tectoniques indique que les montagnes jouent le rôle de stabilisateurs de la terre. Cette connaissance sur la nature stabilisatrice de la terre des montagnes n'a commencé à être comprise dans la structure des plaques tectoniques qu'aux dernières années de la septième décennie du vingtième siècle[16].

Pouvait-on, au temps du Prophète Mohammed ﷺ, connaître la vraie forme des montagnes? Pouvait-on imaginer que la masse montagneuse solide qu'on voyait, s'étendait profondément dans la terre tout en ayant une racine, tel qu'affirment les savants? Un grand nombre de livres de géologie, discutant de la nature des montagnes, décrit seulement cette partie qui est au-dessus de la surface de la terre. C'est parce que ces livres n'ont pas été écrits par des spécialistes en géologie. Cependant, la géologie moderne a confirmé la vérité des versets coraniques.

(13) *The Geological Concept of Mountains in the Coran,* El-Naggar, p. 5.

(14) Earth, Press and Siever, p.435. Voir aussi the *Geological Concept of Mountains in the Coran*, p. 5.

(15) *The Geological Concept of Mountains in the Coran*, pp. 44-45.

(16) *The Geological Concept of Mountains in the Coran*, p. 5.

C) Le Coran et l'origine de l'univers

La cosmologie moderne, physique et théorique, indique clairement qu'à un point dans le temps, l'univers entier n'était rien qu'un nuage de "fumée" (i.e. une composition opaque gazeuse chaude et très dense)[17]. C'est l'un des principes incontestés des bases de la cosmologie moderne. Les savants peuvent désormais observer de nouvelles étoiles se formant des restes de cette "fumée"-là (voir figures 10 et 11). Les étoiles brillantes que nous voyons le soir étaient, tel qu'était l'univers entier, dans cette matière "fumée". Allah dit dans le Coran:

﴾**Il s'est ensuite adressé au ciel qui était alors fumée...**﴿ (41:11).

Parce que la terre et le ciel au-dessus (le soleil, la lune, les étoiles, les planètes, les galaxies, etc.) ont été formés de cette même "fumée", nous concluons que la terre et les cieux étaient une seule entité. Ces éléments furent formés de cette fumée homogène avant d'être séparés l'un de l'autre. Allah dit dans le Coran:

﴾**Ceux qui ont mécru, n'ont-ils pas vu que les cieux et la terre formaient une masse compacte? Ensuite Nous les avons séparés...**﴿ (21:30).

Dr. Alfred Kroner est l'un des géologues les plus connus dans le monde. Il est professeur de géologie et chef du département de géologie à l'Institut des sciences géologiques à l'Université de Johannes Gutenberg, Mainz en Allemagne. Il dit: "En réfléchissant d'où Mohammed est venu... Je pense qu'il est presque impossible qu'il ait pu connaître l'origine commune de l'univers, car les savants n'ont découvert sa nature que récemment et ce, à l'aide de méthodes technologiques avancées et très compliquées"[18]. Il dit aussi: "Quelqu'un qui ne savait rien de la physique nucléaire il y a quatorze siècles, ne pouvait pas, à mon avis, être en mesure de découvrir de son propre esprit, par exemple, que la terre et les cieux avaient la même origine"[19].

---

(17) *The First Three Minutes, a Moderne View of the Origin of the Universe,* Weinberg, pp. 94-105

(18) *This is the Truth* (videocassette).

(19) *This is the Truth* (videocassette).

Figure 10: Une nouvelle étoile formée d'un nuage de gaz et de poussière (nébuleuse) qui est l'un des restes de la "fumée" qui était l'origine de l'univers entier. (*The Space Atlas*, Heather et Henbest, p. 50).

Figure 11: La nébuleuse de la lagune est un nuage de gaz et de poussière, environ 60 année-lumières de diamètre. Elle est excitée par la radiation ultraviolet des étoiles chaudes qui ont été formées récemment. (*Horizons, Exploring the Universe*, Seeds, plate 9, de *Association of Universities for Research in Astronomy*, Inc.).

D) Le Coran et le cerveau

Allah dit dans le Coran à propos d'un mécréant qui avait interdit au Prophète Mohammed ﷺ de prier au sein de la Kaabah:

﴾Mais non! S'il ne cesse pas, Nous le saisirons certes, par le toupet (*Nâsiyah*), le toupet d'un menteur, d'un pécheur﴿ (96:15,16).

Pourquoi le Coran décrit-il le toupet de la tête comme menteur et pécheur? Pourquoi le Coran n'a-t-il pas dit tout simplement que la personne est menteuse et pécheuse? Quel est le rapport entre le toupet de la tête et le fait de mentir et de pécher?

Si nous regardons la partie avant du crâne, nous trouverons la région pré-frontale du cerveau (voir figure 12). Que dit la physiologie au sujet de la fonction de cette région? Un livre intitulé *Essentials of Anatomy & Physiology* dit que cette région est responsable de: "La motivation, de la planification et de l'initiative des mouvements qui se produisent dans la partie antérieure des lobes frontaux, la région frontale. C'est la région du cortex d'association…"[20]. Le livre dit aussi: "En plus de sa participation dans la motivation, la région frontale est aussi le centre fonctionnel de l'agression…"[21].

Ainsi, cette région du cerveau est responsable de la planification, de la motivation, et de l'initiative de faire le bien et le mal. Elle est aussi responsable du fait de mentir et de dire la vérité. Donc, il convient de décrire que le toupet ressemble au menteur et au coupable lorsqu'il ment ou commet un péché, le Coran dit: **﴾…Une (*nâsiah*) menteuse, coupable (le toupet)﴿."**

---

(20) *Essentials of Anatomy & Physiology,* Seely et autres, p. 211. Voir aussi *The Human Nervous System, Noback et autres,* pp. 410-411.

(21) *Essentials of Anatomy & Physiology,* Seely et autres, p. 211.

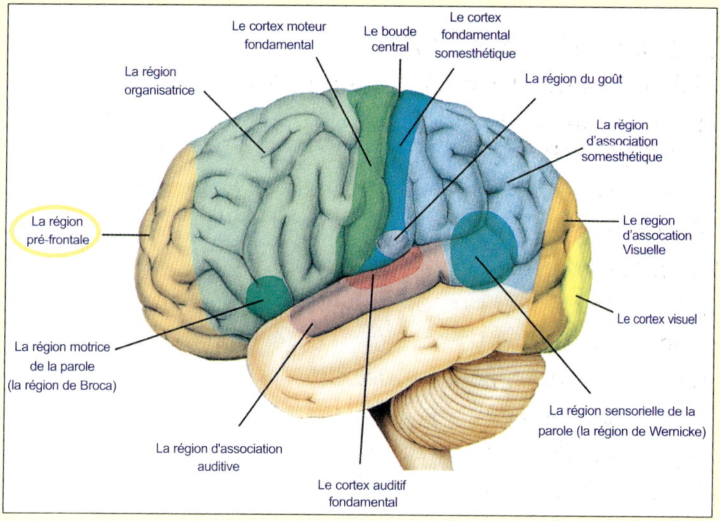

Figure 12: Régions fonctionelles de l'hémisphère gauche du cortex cérébral. La région pré-frontale est localisée au devant du cortex cérébral. (*Essentials of Anatomy & Physiology*, Seeley et autres, p. 210).

Les savants n'ont découvert ces fonctions de la région pré-frontale que pendant les soixante dernières années, selon le Professeur Keith L. Moore.[22]

E) Le Coran et le sujet des mers et des rivières

La science moderne a découvert que dans les endroits où deux mers différentes se rencontrent, il y a une barrière entre elles. Cette barrière divise les deux mers afin que chacune ait sa propre température, salinité, et densité.[23] Par exemple, l'eau de la Méditerranée est chaude, saline et moins dense en comparaison avec l'eau de l'Océan Atlantique. Quand l'eau de la Méditerranée pénètre dans l'Atlantique dans le détroit de Gibraltar, elle se déplace de plusieurs centaines de kilomètres dans l'Atlantique à une profondeur d'environ 1000 mètres gardant sa propre température, sa salinité, et ses caractéristiques moins denses. L'eau Méditerranéenne se stabilise

(22) *Al-Iajâz Al-Ilmy Fin-Nâsiyah (Les Miracles Scientifiques dans le Front de la tête),* Moore et autres, p. 41.

(23) *Principles of Oceanography,* Davis, pp. 92-93.

à cette profondeur[24] (voir figure 13).

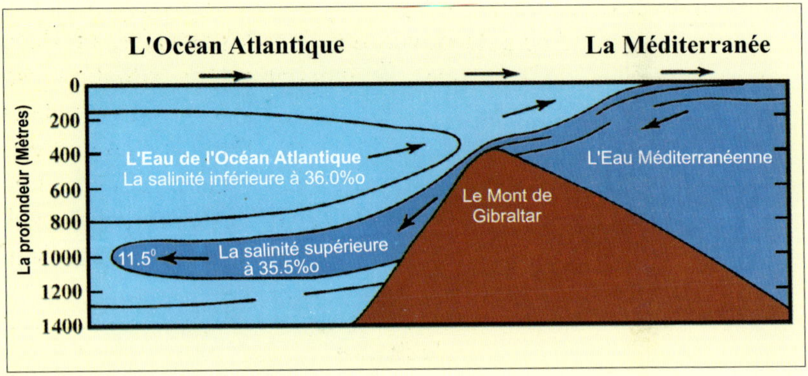

Figure 13: L'eau de la mer Méditerranéenne pénétrant dans l'Atlantique dans le détroit de Gibraltar gardant ses propres caractéristiques chaudes, salines et moins denses à cause de la barrière. Les températures sont en degrés Celsius (C°). (*Marine Geology*, Kuenen, p. 43, avec un léger renchérissement).

Bien qu'il y ait de grandes vagues, des courants forts, et des marées dans ces mers, elles ne se mélangent et ne dépassent point cette barrière.

Le Coran a cité qu'il y a une barrière entre deux mers qui se rencontrent et qu'elles ne transgressent pas. Allah dit:

﴾Il a donné libre cours aux deux mers pour se rencontrer; il y a entre elles une barrière qu'elles ne dépassent pas﴿ (55:19,20).

Mais quand le Coran parle du sujet du barrage entre l'eau fraiche et l'eau salée, il mentionne l'existence "d'une zone infranchissable" avec la barrière. Allah dit dans le Coran:

﴾Et c'est Lui qui donne libre cours aux deux mers: l'une douce, rafraîchissante, l'autre salée, amère. Et Il assigne entre les deux une zone intermédiaire et un barrage infranchissable﴿ (25:53).

On peut se demander, pourquoi le Coran a mentionné la partition quand il a parlé au sujet du barrage infranchissable entre l'eau fraîche

(24) *Principles of Oceanography,* Davis, p.93.

et l’eau salée, alors qu’il ne l'a pas mentionnée quand il a parlé du barrage entre les deux mers?

La science moderne a découvert que dans les estuaires où l’eau fraîche (potable) et l'eau salée se rencontrent, la situation est, quelque peu, différente dans les endroits de la rencontre de deux mers. Il a été découvert que ce qui distingue l'eau fraîche de l’eau salée dans les estuaires est une “zone séparante avec une discontinuité de densité apparente qui sépare les deux couches”[25]. Cette zone de séparation ou tampon a une salinité différente d’eau fraîche et d’eau salée [26] (voir figure 14).

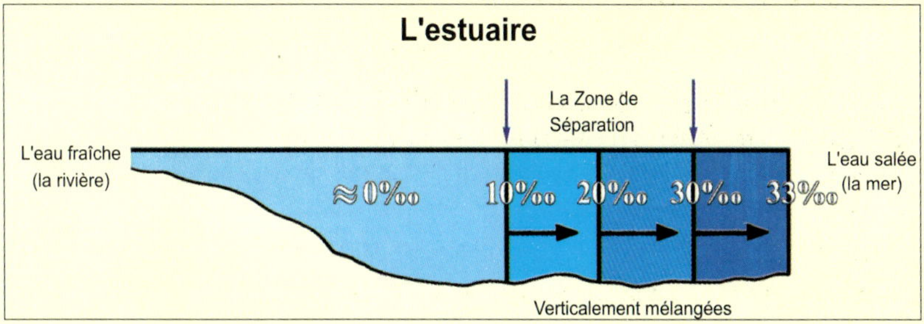

Figure 14: Section longitudinale montrant la salinité (parties en mille ‰) dans un estuaire. Nous pouvons voir ici la zone de séparation entre l’eau fraîche et l’eau salée. (*Introductory Oceanography*, Thurman, p. 301, avec un léger renchérissement).

Cette information n’a été découverte que récemment avec l’utilisation du matériel avancé ayant servi pour mesurer la température, la salinité, la densité, la dissolution de l'oxygène, etc,. L'œil humain ne peut pas voir la différence entre les deux mers qui se rencontrent, les deux mers nous paraissent plutôt comme une mer homogène. Egalement, l'œil humain ne peut pas voir la séparation des différentes catégories d’eau dans les estuaires: l’eau fraîche, l’eau salée et la zone de séparation.

---

(25) *Oceanography*, Gross, p. 242. Voir aussi *Introductory Oceanography,* Thurman, pp. 300-301

(26) *Oceanography*, Gross, p. 242. Voir aussi *Introductory Oceanography,* Thurman, pp. 300-301

F) Le Coran et le sujet des mers profondes et des vagues internes

Allah dit dans le Coran:

> **﴾Les actions des mécréants sont encore semblables à des ténèbres sur une mer profonde: des vagues la recouvrent, [vagues] au-dessus desquelles s'élèvent [d'autres] vagues, sur lesquelles il y a [d'épais] nuages. Ténèbres [entassées] les unes au-dessus des autres. Quand quelqu'un étend la main, il ne la distingue presque pas...﴿** (24:40).

Ce verset mentionne l'obscurité sévissant dans les mers profondes et les océans, où l'homme ne peut pas voir sa propre main étendue. L'obscurité dans les mers profondes et les océans se trouve à une profondeur de plus de 200 mètres. A cette profondeur, il n'y a presque aucune lumière (voir figure 15). En dessous de la profondeur de 1000 mètres, il n'y a pas de lumière du tout [27].

Figure 15: Entre 3 et 30 pour cent de la lumière du soleil est renvoyée à la surface de la mer. Alors presque toutes les couleurs du spectre léger sont absorbées l'une après l'autre dans les premiers 200 mètres, à l'exception de la lumière bleue. (*Oceans*, Elder et Pernetta, p. 27).

(27) *Oceans,* Elder & Pernetta, p. 27.

Les êtres humains ne sont pas capables de plonger plus de quarante mètres sans l'aide de sous-marins ou de matériel spécial. Ils ne peuvent non plus survivre sans l'aide d'appareils dans la partie sombre et profonde des océans, telle que la profondeur de 200 mètres.

Les savants ont découvert cette obscurité récemment, et ce, à l'aide de matériel spécial et de sous-marins conçus à cet effet, ce qui leur ont permis de plonger dans les profondeurs des océans.

Nous pouvons aussi comprendre les phrases suivantes dans le verset antérieur: **﴿... sur une mer profonde: des vagues la recouvrent, [vagues] au-dessus desquelles s'élèvent [d'autres] vagues, sur lesquelles il y a [d'épais] nuages...﴾**, que les eaux profondes des mers et des océans sont couvertes par les vagues, et au-dessus de ces vagues il y a d'autres vagues. Il est clair que les secondes vagues sont celles de la surface que nous voyons, car le verset dit qu'au-dessus des secondes vagues il y a des nuages. Mais qu'en est-il des premières vagues? Les savants ont découvert récemment qu'il y a des vagues internes qui "apparaissent sur les

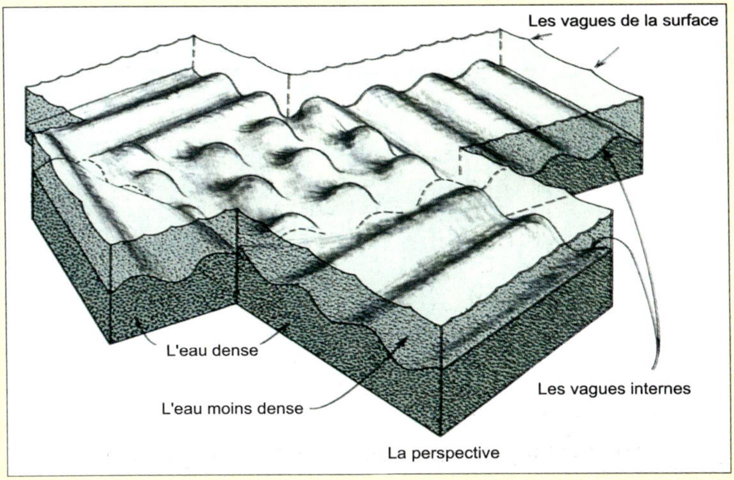

Figure 16: Vagues internes à interface entre deux couches d'eau de densités différentes. L'une est dense (l'inférieure), l'autre est moins dense (la supérieure). (*Oceanography*, Gross, p. 204).

interfaces de la densité entre les couches à densités différentes"[28]. (Voir figure 16). Les vagues internes couvrent les eaux profondes des mers et des océans, parce que les eaux profondes ont une densité plus haute que les eaux situées au-dessus d'elles. Les vagues internes agissent comme des vagues à la surface. Elles peuvent aussi se briser, comme les vagues à la surface. Les vagues internes ne peuvent pas être vues par l'œil humain, mais elles peuvent être détectées en étudiant les changements de la température ou la salinité de l'eau à certains endroits[29].

G) Le Coran et les nuages

Les savants ont étudié les types de nuages et découvert que les nuages de pluie sont formés et façonnés selon des systèmes définis et certaines phases qui sont liées à des types de vent et de nuages.

Un type de nuage de pluie est le cumulonimbus. Les météorologues ont étudié comment les cumulonimbus sont formés et comment ils produisent de la pluie, la grêle et l'éclair.

Ils ont trouvé que les cumulonimbus suivent les phases suivantes pour produire de la pluie:

1) les nuages sont poussés par le vent: Les cumulonimbus commencent à se former quand le vent pousse quelques petits morceaux de nuages (les cumulus) à une région où ces nuages convergent [30] (voir figures 17 et 18).

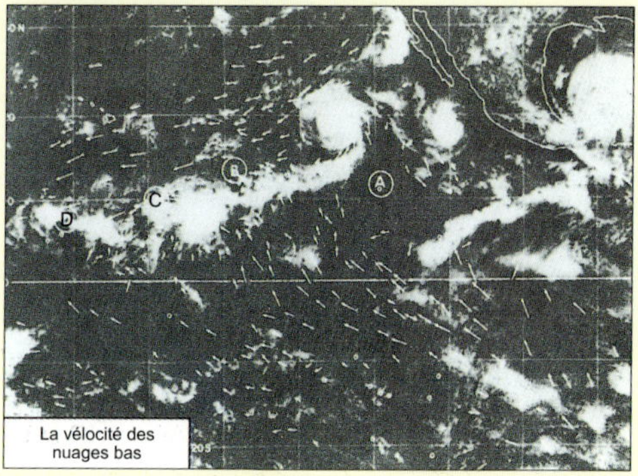

Figure 17: Photo satellite montrant les nuages qui se déplacent vers les régions de convergence B, C, et D. Les flèches indiquent les directions du vent. (*The Use of Satellite Pictures in Weather Analysis and Forecasting*, Anderson et autres, p. 188).

(28) *Oceanography,* Gross, p. 205 (29) *Oceanography,* Gross, p. 205

(30) Voir *The Atmosphere,* Anthes et autres, pp. 268-269, et *Elements of Meteorology,* Miller & Thompson, p. 141.

Figure 18: Petits morceaux de nuages (les cumulus) se déplaçant vers une zone de convergence près de l'horizon où nous pouvons voir un grand cumulonimbus. (*Clouds and Storms*, Ludlam, plate 7.4).

2) Fusion: Ensuite, les petits nuages se rejoignent formant ainsi un nuage plus grand[31] (voir figures 18 et 19).

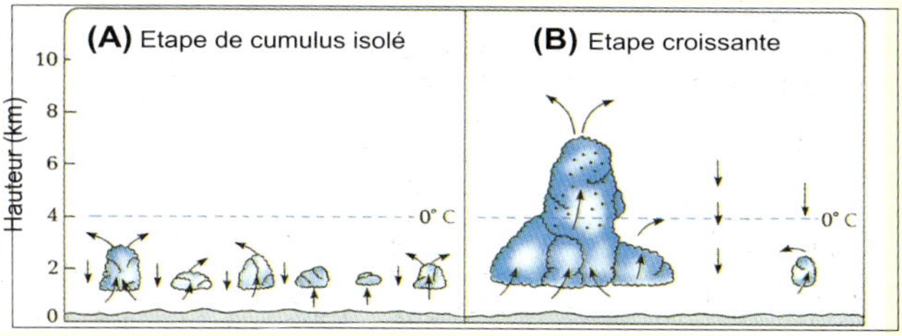

Figure 19: (A) Des petits morceaux de nuages isolés (les cumulus). (B) Quand les petits nuages se rejoignent , poussant le nuage vers le haut, ainsi le nuage est empilé. Les gouttes d'eau sont indiquées par le signe ·. (The Atmosphere, Anthes et autres, p. 269).

3) Empilement: Quand les petits nuages se rejoignent, ils montent en

(31) Voir *The Atmosphere*, Anthes et autres pp. 268-269, et *Elements of Meteorology*, Miller & Thompson, pp. 141-142.

haut en nuages plus grands. Les montées près du centre du nuage sont plus fortes que celles situées sur les bords[32]. Ces montées entraînent le grandissement de la masse nuageuse verticalement, ainsi le nuage est empilé (voir figures 19 (B), 20, et 21). Cette montée verticale entraîne l'allongement de la masse nuageuse dans des régions plus froides de l'atmosphère où les gouttes d'eau et de grêle se forment et deviennent de plus en plus grandes. Quand ces gouttes d'eau et de grêle deviennent trop lourdes pour que la montée les supporte, elles commencent à tomber du nuage comme pluie, grêle, etc[33].

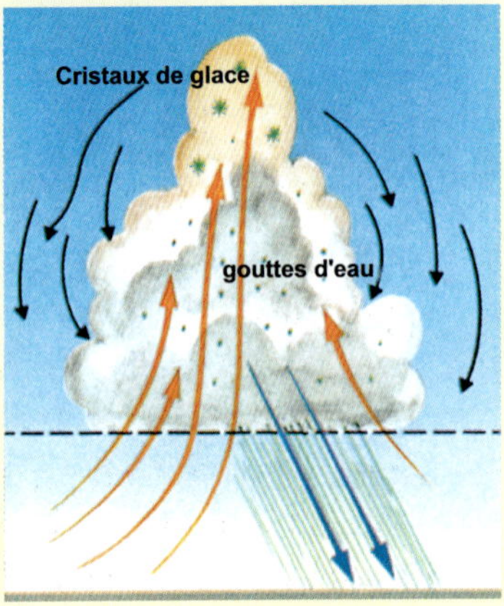

Figure 20: Un cumulonimbus de nuage. Après que le nuage s'est empilé, la pluie sort de sa masse. (*Weather and Climate*, Bodin, p. 123).

Allah dit dans le Coran:
﴿N'as-tu pas vu qu'Allah pousse les nuages? Ensuite Il les réunit et Il en fait un amas, et tu vois la pluie sortir de son sein...﴾ (24:43).

Ce n'est que récemment que les météorologues ont pu savoir ces détails de formation de nuages, leur structure et leur fonction et ce, à l'aide de la technologie avancée tels que les avions, les satellites, l'informatique et d'autres moyens. Il ont ainsi réussi à étudier le vent et sa direction, mesurer l'humidité et ses variations et déterminer les niveaux et les variations de la pression atmosphérique[34].

---

(32) Les montées près du centre sont plus fortes, car elles sont protégées des effets de refroidissement par la partie extérieure du nuage.

(33) Voir *The Atmosphere,* Anthes et autres, p. 269, et *Elements of Meteorology,* Miller & Thompson, pp. 141-142

(34) Voir *Iajâz Al-Kor'ân Fi Wasf Anwâa Ar-Riyâh, As-Souhob, Al-Matar,* Makky et autres, p. 55.

Figure 21: Un cumulonimbus de nuage. (*A Colour Guide to Clouds*, Scorer et Wexler, p. 23).

Après avoir cité les nuages et la pluie, le verset précédent mentionne de la grêle et l'éclair:

﴾...Et Il fait descendre du ciel, de la grêle [provenant] des nuages [comparables] à des montagnes. Il en frappe qui Il veut et l'écarte de qui Il veut. Peu s'en faut que l'éclat de son éclair ne ravisse la vue﴿(24:43).

Les météorologues ont trouvé que, comme les montagnes, ces cumulonimbus de nuages et cette grêle d'averse atteignent une hauteur de 7.6 à 9.2 km[35], le Coran dit: **﴾... Et Il fait descendre du ciel, de la grêle [provenant] des nuages [comparables] à des montagnes...﴿** (voir figure 21).

Ce verset peut provoquer une question. Pourquoi le verset dit-il: **﴾son éclair﴿** en une référence à la grêle? Est-ce que cela veut dire que cette grêle est le facteur majeur de la production de l'éclair? Voyons ce que le livre intitulé *Meteorology Today* dit à ce sujet. Il démontre qu'un nuage devient électrifié lorsque la grêle tombe à travers une partie du nuage où sont formées des gouttelettes très froides et des cristaux de glace.

(35) *Elements of Meteorology,* Miller & Thompson, p. 141.

Lorsque les gouttelettes liquides entrent en collision avec un grêlon, elles se gèlent pendant le contact et provoquent une chaleur latente. Cela garde la surface du grêlon plus chaud que celle des cristaux de glace environnants. Quand le grêlon entre en contact avec un cristal de glace, un phénomène important se produit: les électrons quittent l'objet le plus froid vers l'objet le plus chaud. D'ici, le grêlon devient négativement chargé. Le même effet se produit quand les gouttelettes très froides entrent en contact avec un grêlon causant des éclats minuscules de glace cassée positivement chargée. Ces légères particules positivement chargées sont portées alors à la partie supérieure du nuage par un mouvement ascendant. La grêle négativement chargée, tombe vers le fond du nuage, et ainsi la partie inférieure du nuage devient négativement chargée[36]. Ces charges négatives se déchargent alors en éclair. Nous concluons de cela que la grêle est le facteur majeur de la production de l'éclair.

Cette information sur l'éclair a été découverte récemment. Jusqu'à 1600 G., les idées d'Aristote en météorologie étaient dominantes. Il dit, par exemple, que l'atmosphère contient deux genres d'exhalation: humide et sèche. Il dit aussi que le tonnerre est le son de la collision de l'exhalation sèche avec les nuages avoisinants, et que l'éclair est l'inflammation et la brûlure de l'exhalation sèche avec un feu mince et faible[37]. Telles sont les idées météorologiques qui étaient dominantes du temps de la révélation du Coran, il y a quatorze siècles.

---

(36) *Meteorology Today,* Ahrens, p. 437.

(37) *Les œuvres d'Aristote traduites en anglais: Meteorologica,* Vol. 3, Ross et autres, pp. 369a-369b.

H) Commentaires des savants sur les miracles scientifiques dans le Coran

Nous allons maintenant passer en revue des commentaires de savants sur les miracles scientifiques dans le Coran. Tous ces commentaires ont été extraits de la vidéocassette intitulée *This is the Truth*. Dans cette vidéocassette, vous pouvez voir et entendre les savants présenter les commentaires suivants:

1) Dr. T.V.N. Persaud est professeur en anatomie, professeur en Pédiatrie et santé de l'enfant, et professeur en obstétrique, en gynécologie, et en sciences de reproduction à l'Université de Manitoba, Winnipeg, Manitoba au Canada où il était chef de section d'anatomie pendant 16 années. Il est bien connu dans son domaine. Il est auteur et éditeur de 22 livres scolaires. Il a publié plus de 181 articles scientifiques. En 1991, il reçut le prix le plus distingué qui soit octroyé dans le domaine de l'anatomie au Canada et le prix J.C.B. octroyé par l'association canadienne des anatomistes. Quand il fut interrogé sur le sujet des miracles scientifiques qu'il étudiait dans le Coran, il affirma ce qui suit:

"Il me paraît que Mohammed était un homme très ordinaire. Il ne pouvait ni lire ni écrire. En fait, il était illettré. Et nous parlons d'un temps révolu il y a près de douze [actuellement environ quatorze] siècles. Vous avez un homme illettré donnant des formules et des propos profonds très exacts sur la nature scientifique. Je ne peux pas voir personnellement que cela ne pouvait être qu'une coïncidence. Il y a trop de faits spécifiques et, comme Dr. Moore, je n'ai aucune difficulté dans mon esprit à trouver que cela est une inspiration divine ou une révélation qui lui inspira ces propos."

Le professeur Persaud a inclu quelques versets coraniques et des propos du Prophète Mohammed ﷺ dans certains de ses livres. Il a présenté aussi ces versets et ces propos du Prophète Mohammed ﷺ dans plusieurs conférences.

2) Dr. Joe Leigh Simpson est chef du département d'obstétrique et de gynécologie, professeur d'obstétrique et de gynécologie, et professeur

en génétique moléculaire et humaine à la faculté de Baylor de Médecine, Houston, Texas aux Etats-Unis. Il était professeur d'obstétrique et de gynécologie et chef du département d'obstétrique et de gynécologie à l'Université de Tennessee, Memphis, Tennessee aux Etats-Unis. Il était aussi président de la société américaine de fertilité. Il reçut plusieurs prix, y compris le prix de la Reconnaissance Publique de l'association de professeurs d'obstétrique et gynécologie en 1992. Le professeur Simpson a étudié les deux Hadiths suivants du Prophète Mohammed ﷺ:

{Dans chacun de vous, tous les composants de sa création sont formés ensemble dans l'utérus de sa mère en quarante jours...}[38]

{Quand quarante-deux nuits sont passées sur l'embryon, Allah lui envoie un ange, qui le façonne et crée son audition, sa vision, sa peau, sa chair, et ses os. Ensuite, il dit: "Seigneur! est-il mâle ou femelle?" et votre Seigneur décide ce qu'Il veut}.[39]

Il a étudié longuement ces deux Hadiths du Prophète Mohammed ﷺ, en notant que les premiers quarante jours constituent une étape visiblement distinguable de l'évolution de l'embryon. Il a été particulièrement impressionné par l'exactitude et la précision de ces Hadiths du Prophète Mohammed ﷺ. Ensuite, lors d'une conférence, il a donné l'opinion suivante:

"Ainsi les deux Hadiths du Prophète Mohammed ﷺ que nous venons de citer, nous fournissent un déroulement précis de l'étape principale de l'évolution de l'embryon avant quarante jours. De nouveau, la même remarque a été formulée à maintes reprises par d'autres orateurs ce matin: ces Hadiths n'auraient pas pu être obtenus sur la base de la connaissance scientifique qui était disponible au temps de leur écriture..." Il poursuit: Je pense, que non seulement il n'y a

---

(38) Rapporté en *Sahîh Mouslim* numéro 2643, et *Sahih Al-Boukhâri,* numéro 2308. Notez que ce qui se trouve entre ces deux accolades {...} Dans ce livre est une traduction des paroles du Prophète ﷺ.

(39) Rapporté en *Sahîh Mouslim* numéro 2645.

aucun conflit entre la génétique et la religion mais, en plus, la relation peut guider la science en ajoutant à la révélation certaines approches scientifiques traditionnelles tirées des propos du Coran et prouvées valables au cours des siècles ultérieurs, ce qui confirme la croyance que le Coran provient d'Allah."

3) Dr. E. Marshall Johnson est Professeur Emeritus d'anatomie et de biologie à l'Université Thomas Jefferson, Philadelphia, Pennsylvania aux Etats-Unis où il était pendant 22 ans professeur d'anatomie, chef du département d'anatomie, et directeur de l'Institut Daniel Baugh. Il était aussi président de la Société de Tératologie. Il est l'auteur de plus de 200 publications. En 1981, pendant la septième conférence médicale à Dammam, en Arabie Séoudite, le professeur Johnson dit dans la présentation de son étude de recherche:

"Résumé: Le Coran ne décrit pas seulement le développement de la forme externe, mais aussi il met en relief les étapes internes de l'évolution de l'embryon, sa création et son développement, en mettant l'accent sur les événements majeurs reconnus par la science contemporaine." Il dit aussi: "En tant que scientifique, je ne peux traiter que des choses que je peux constater. Je peux comprendre l'embryologie et la biologie de l'évolution. Je peux comprendre les mots qui me sont traduits du Coran. Comme j'ai donné l'exemple auparavant, si je me transposais à cette époque, en savant qui sait ce que je sais aujourd'hui et décrivais les choses, je ne pourrais pas décrire les choses qui ont été décrites. Je ne vois pas de preuves pouvant réfuter le concept que cet individu, Mohammed, pouvait développer cette information quelque part. Ainsi, je ne vois ici aucun conflit avec le concept que l'intervention divine fut impliquée dans ce qu'il était capable d'écrire."[40]

4) Dr. William W. Hay est un célèbre savant marin. Il est Professeur en sciences géologiques à l'Université de Colorado, Boulder, Colorado aux Etats-Unis. Il est ex-Doyen de l'Ecole

---

(40) Le Prophète Mohammed ﷺ était illetré. Il ne pouvait ni lire ni écrire, mais il dicta le Coran à ses compagons et ordonna à certains parmi eux de l'écrire.

Rosenstiel des sciences marines et atmosphériques à l'Université de Miami, en Floride aux Etats-Unis. Après une discussion avec le professeur Hay au sujet des faits cités par le Coran et qui ont été récemment découverts dans les mers, il dit:

"Je trouve très intéressant que de telles informations se trouvent dans les anciennes écritures du Coran, et il n'y a pas moyen de savoir d'où elles pourraient venir, mais je pense qu'il est extrêmement intéressant qu'elles y existent et que ce travail va découvrir la signification de certains passages". Et quand il fut interrogé au sujet de la source du Coran, il répondit:

"Eh bien, je devrais dire que ça ne peut être qu'un être divin."

5) Dr. Gerald C. Goeringer est directeur de cours et professeur associé d'embryologie médicale au département de biologie cellulaire, Ecole de Médecine, Université Georgetown, Washington, DC. aux Etats -Unis. Pendant la huitième conférence médicale séoudienne à Riyadh en Arabie Séoudite, le professeur Goeringer, présenta sa recherche, en affirmant:

"Dans quelques *Ayâts* (versets coraniques), il y a une description relativement complète du développement humain dès le début de la gamète à travers l'organogénie. Une telle distinction du développement humain, telles que la classification, la terminologie, et la description, n'a jamais existé auparavant. Dans la plupart des cas, si ce n'est pas dans leur ensemble, cette description précède de plusieurs siècles les différentes étapes de développement embryonnaire et fœtal de l'être humain tel qu'enregistré dans la littérature scientifique traditionnelle."

6) Dr. Hoshihide Kozai est professeur Emeritus à l'Université de Tokyo, Hongo, Tokyo au Japon. Il était directeur de l'observatoire astronomique National, Mitaka, Tokyo au Japon. Il dit:

"Je suis très impressionné en trouvant de vrais faits astronomiques dans le Coran. Et pour nous, les astronomes modernes qui étudions des parties infimes de l'univers, nous avons concentré nos efforts pour comprendre une toute petite partie, car en utilisant des télescopes, nous ne pouvons que voir quelques parties du ciel sans pouvoir concevoir l'univers dans sa totalité. Ainsi, en lisant le Coran et en répondant aux questions, je pense que je peux trouver mon chemin futur dans une quête sur l'univers."

7) Le professeur Tejatat Tejasen est le chef du département d'anatomie à l'Université de Chiang Mai, Chiang Mai en Thaïlande et il était doyen de la faculté de médecine à la même université. Pendant la huitième conférence médicale séoudienne à Riyadh, en Arabie Séoudite, le professeur Tejasen se leva et dit:

"Pendant les trois dernières années, je me suis intéressé au Coran... De mon étude et de ce que j'ai appris de cette conférence, je crois que tout ce qui a été enregistré dans le Coran il y a quatorze siècles, doit être la vérité. Cela peut être prouvé par des moyens scientifiques. Etant donné que le Prophète Mohammed ne pouvait ni lire ni écrire, il ne peut, alors, qu'être un messager qui a transmis cette vérité qui lui a été révélée comme une illumination par celui qui est vraisemblablement le créateur. Ce créateur doit être Allah. Par conséquent, je pense que c'est le temps de dire *Lâ Ilâha Illa Allah* (il n'y a point de divinité en dehors d'Allah), *Mohammadoun Rasoul Allah* (Mohammed est le Messager d'Allah). Pour finir, je dois féliciter les responsables pour l'excellente organisation de cette conférence... Je n'ai pas seulement gagné en points de vue scientifiques et religieux, mais aussi la grande chance de me réunir avec beaucoup de savants célèbres et de faire beaucoup de nouveaux amis parmi les participants. La chose la plus précieuse de tout ce que j'ai gagné en venant à cet endroit est *Lâ Ilâha Illa Allah, Mohammadoun Rasoul Allah*, et devenir un musulman."

Après tous ces exemples de miracles scientifiques dans le Coran et tous ces commentaires scientifiques à ce propos, nous ne pouvons que nous poser ces questions:

- S'agit-il seulement d'une coïncidence pour que toutes ces informations scientifiques récemment découvertes de domaines différents soient mentionnées dans le Coran qui a été révélé il y a quatorze siècles?
- Ce Coran pourrait-il être écrit par Mohammed ﷺ ou par n'importe quel autre être humain?

La seule réponse possible est que ce Coran doit être la parole d'Allah, révélé par Lui.

(2) Le grand défi de produire un chapitre semblable aux chapitres du Coran

Allah dit dans le Coran:

﴾Si vous avez un doute sur ce que Nous avons révélé à Notre Serviteur, tâchez donc de produire une sourate semblable et appelez vos témoins, (les idoles) que vous adorez en dehors d'Allah, si vous êtes véridiques. Si vous n'y parvenez pas et, à coup sûr, vous n'y parviendrez jamais, parez-vous donc contre le feu qu'alimenteront les hommes et les pierres, lequel est réservé aux infidèles. Annonce à ceux qui croient et pratiquent de bonnes œuvres qu'ils auront pour demeures des jardins sous lesquels coulent les ruisseaux...﴿(2:23-25).

Depuis la révélation du Coran, il y a quatorze siècles, personne n'a été capable de produire un seul chapitre semblable à ceux du Coran que ce soit dans leur beauté, leur éloquence, leur splendeur, leur sage législation, leur vraie information, leur vraie prophétie, ou dans d'autres attributs parfaits. A noter que le plus petit chapitre dans le Coran (Chapitre 108) se compose de dix mots seulement et que cependant personne n'a jamais été capable d'affronter ce défi, jusqu'à nos jours[41]. Certains mécréants arabes

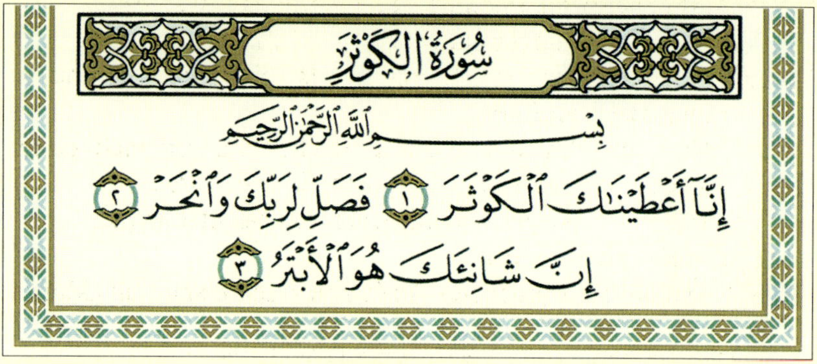

Le plus petit chapitre dans le Coran (Chapitre 108), il se compose de dix mots seulement, cependant personne n'a jamais été capable d'affronter le défi de produire un chapitre semblable aux chapitres du Coran.

qui étaient des ennemis du Prophète avaient essayé d'affronter ce défi pour prouver que Mohammed ﷺ n'était pas un vrai prophète, mais ils échouèrent[42]. Cet échec se manifesta en dépit du fait que le Coran fut révélé en leur propre langue et dialecte et que les Arabes au temps de Mohammed ﷺ étaient des gens très éloquents qui composaient de la belle et excellente poésie, qui est encore appréciée à nos jours.

(3) Prophéties bibliques sur la venue de Mohammed ﷺ, le Prophète de l'Islam

Les prophéties bibliques sur la venue du Prophète Mohammed ﷺ sont des preuves sur la vérité de d'Islam pour les gens qui croient en la Bible.

Dans Deutéronome 18, Moïse affirma que Allah lui dit: **"J'enverrai pour eux un prophète comme toi de parmi leurs frères; je mettrai mes mots dans sa bouche, et il leur dira tout ce que Je lui dis. Quiconque n'écoute pas Mes mots que le prophète prononce en Mon nom, Je lui demanderai Moi-même des comptes." (Deutéronome 18:18,19).**[43]

De ces versets nous concluons que pour qu'il soit l'envoyé d'Allah, le Prophète doit répondre aux conditions suivantes:

1) Il doit être un prophète comme Moïse.
2) Il faut qu'il appartienne aux "frères" des Israëlites, une référence à leurs cousins les Ismaëlites.
3) Qu'Allah mettra Ses Mots dans la bouche de ce prophète et ce dernier déclarera ce qu'Allah lui commande de déclarer.

Qu'on examine alors profondément ces trois caractéristiques:

1) Un prophète comme Moïse:

Il n'y avait pas deux prophètes qui étaient si semblables que Moïse

---

(41) Voir *Al-Borhân fi ouloum-il-Kor'ân,* Az-Zarkachi, Vol. 2, 224.

(42) Voir *Al-Borhân fi ouloum-il-Kor'ân,* Az-Zarkachi, Vol. 2, 226.

(43) Les versets de la Bible insérés dans ce livre sont tirés de NIV: *The NIV Study Bible, New International Version.*

et Mohammed ﷺ. Tous les deux avaient transmis une loi complète et une doctrine régissant tous les aspects de la vie. Tous les deux confrontèrent leurs ennemis et furent victorieux de façons miraculeuses. Tous les deux furent acceptés comme prophètes et gouvernants. Tous les deux émigrèrent pour fuir les complots et les tentatives d'assassinat. Les analogies entre Moïse et Mohammed ﷺ ne se limitèrent pas aux seuls exemples cités, mais il y en a d'autres aussi. Cela englobe aussi la naissance naturelle, la vie de la famille, et la mort de Moïse et Mohammed ﷺ mais pas celle de Jésus. De plus, Jésus fut considéré par ses partisans comme le Fils d'Allah et non pas seulement un prophète d'Allah, quant à Moïse et Mohammed ﷺ, ils étaient tel que les musulmans croient que Jésus était. Ainsi, cette prophétie fait référence au Prophète Mohammed ﷺ et non à Jésus, car Mohammed ﷺ ressemble plus à Moïse qu'à Jésus.

En outre, nous constatons dans l'Evangile de Jean que les Juifs attendaient l'accomplissement de trois prophéties distinctes. La première était la venue du Christ, la seconde était la venue d'Elie et la troisième était la venue du **Prophète**. Ceci devient évident suite aux trois questions qui furent posées à Jean le Baptiste: **"Maintenant, c'était le témoignage de Jean, quand les Juifs de Jérusalem envoyèrent des prêtres et des lévites pour lui demander qui il était. Il ne faillit pas dans sa confession, mais il confessa librement: "Je ne suis pas le Christ." Ils lui demandèrent: "Qui es-tu alors? Es-tu Elie?" Il dit: "Non." Es-tu le Prophète?" Il répondit: "Non." (Jean 1:19-21).** Si nous regardons dans une Bible qui a des références, nous trouverons dans les notes de marge où "le Prophète" apparait dans l'Evangile de Jean 1:21, que ces mots font référence à la prophétie dans Deutéronomie 18:15 et 18:18.[44] Nous concluons de tout cela que la prophétie dans Deutéronome 18:18 ne fait pas référence à Jésus mais au Prophète Mohammed ﷺ.

2) Parmi les "frères" des Israëlites:

Abraham avait deux fils, Ismaël et Isaac (Genèse 21). Ismaël devint le père de la nation arabe, et Isaac devint le père de la nation juive. Le

(44) Voir les notes de marge en *NIV Study Bible, New International Version* dans le verset 1:21, p. 1594.

prophète concerné ne devrait pas être de la nation des juifs, mais de celle de leurs frères, les Ismaëlites. Mohammed ﷺ, un descendant d'Ismaël, est effectivement ce prophète.

Aussi, Elie 42:1-13 parle du serviteur d'Allah, Son "élu" et "messager" qui apportera une loi. **"Il ne se lassera point ni se découragera point jusqu'à ce qu'il établisse la justice sur la terre. Dans sa loi, les îles mettront leur espoir". (Elie 42:4).** Le verset 11, lie ce messager attendu avec les descendants de Kédar. Qui est Kédar? Selon Genèse 25:13, Kédar était le second fils d'Ismaël, l'ancêtre du Prophète Mohammed ﷺ.

3) Allah mettra Ses Mots dans la bouche de ce prophète:

Les Mots d'Allah (le Coran) étaient vraiment mis dans la bouche de Mohammed ﷺ. Allah a envoyé l'Archange Gabriel pour enseigner à Mohammed ﷺ les mots exacts d'Allah (le Coran) et lui demanda de les transmettre aux gens tels qu'il les a entendus. Ainsi les Mots ne sont pas les siens. Ils n'étaient pas venus de ses propres pensées. Ils étaient plutôt mis dans sa bouche par l'Archange Gabriel. Durant la vie de Mohammed ﷺ, et sous sa direction, ces mots furent mémorisés et écrits par ses compagnons.

A noter qu'Allah dit dans le verset qui suit la prophétie dans Deutéronome 18:18: **"Si quelqu'un n'écoute pas Mes mots que le prophète prononce en Mon nom, je lui demanderai Moi-mème des comptes" (Deutéronome, 18:19).** Cela veut dire que quiconque croit en la Bible doit croire en ce que ce prophète dit, et ce prophète est le Prophète Mohammed ﷺ.

(4) Les versets dans le Coran qui annoncent des événements qui se sont réalisés par la suite

Un exemple des événements prédits dans le Coran est la victoire des Romains sur les Persans, trois à neuf années après la défaite des Romains par les Persans. Allah dit dans le Coran:

﴿**Les Romains ont été vaincus, dans le pays voisin, et après leur défaite ils seront les vainqueurs, dans quelques (dans trois à neuf) années...**﴾ (30:2-4).

Que nous dit l'histoire au sujet de ces guerres? Un livre intitulé *History of the Byzantine State* dit que l'armée Romaine a été sévèrement battue à Antioch en **613**, et par conséquent, les Persans avancèrent rapidement sur tous les fronts de batailles[45]. En ce temps-là, il était difficile d'imaginer que les Romains puissent défaire les Persans, mais le Coran prédit que les Romains seraient victorieux dans trois à neuf années. En **622**, **neuf** années après la défaite des Romains, les deux armées (Romaine et Persane) se rencontrèrent sur le territoire Arménien, et le résultat fut la victoire décisive des Romains sur les Persans, pour la première fois après la défaite des Romains en 613[46]. La prophétie fut accomplie tel qu' Allah avait dit dans le Coran.

Il y a aussi beaucoup d'autres versets dans le Coran et les Hadiths du Prophète Mohammed ﷺ qui citèrent des événements qui se sont réalisés par la suite.

(5) Des miracles du Prophète Mohammed ﷺ

Beaucoup de miracles furent accomplis par le Prophète Mohammed ﷺ par l'autorisation d'Allah. Ces miracles furent constatés par beaucoup de gens. Par exemple:

- Quand les mécréants à Makkah demandèrent au Prophète Mohammed ﷺ de leur montrer un miracle, il leur montra la fente de la lune[47].
- Un autre miracle fut le jaillissement de l'eau entre les doigts de Mohammed ﷺ quand ses compagnons étaient assoiffés et n'avaient pas d'eau à part une petite quantité dans un plat. Ils vinrent à lui et lui dirent qu'ils n'avaient pas d'eau pour faire les ablutions ni pour boire, à l'exception de ce qui était dans le plat. Alors, Mohammed ﷺ mit sa main dans le plat, et l'eau commença à jaillir entre ses doigts. Ainsi, ils burent et firent leurs ablutions. Ils étaient au nombre de mille cinq cents compagnons[48].

Il réalisa plusieurs autres miracles et d'autres survinrent à lui dans des conditions différentes.

---

(45) *History of the Byzantine State,* Ostrogorsky, p. 95.
(46) *History of the Byzantine State,* Ostrogorsky, pp. 100-101, et *History of Persia,* Sykes, vol. 1, pp. 483-484. Voir aussi *The New Encyclopaedia Britannica,* Micropaedia vol. 4, p. 1036
(47) Rapporté en *Sahîh Al-Boukhâri,* numéro 3637, et *Sahîh Mouslim,* numéro 2802.
(48) Rapporté en *Sahîh Al-Boukhâri,* numéro 3567, et *Sahîh Mouslim,* numéro 1856.

(6) La vie simple de Mohammed ﷺ

Si nous comparons la vie de Mohammed ﷺ avant sa mission comme étant un prophète et sa vie après qu'il entama sa mission de prophète, nous concluerons qu'il est impensable que Mohammed ﷺ soit un faux prophète, qui prétendit à la prophétie pour atteindre des gains matériaux, la grandeur, la gloire ou le pouvoir.

Avant qu'Allah ne le charge de la mission de prophète, Mohammed ﷺ n'avait pas de soucis financiers. Etant commerçant prospère et réputé, Mohammed ﷺ obtenait un revenu satisfaisant et confortable. Cependant, depuis le début de sa mission de prophète, ses conditions matérielles s'aggravèrent. Pour plus de clarifications, il faut citer les propos suivants sur sa vie:

- Aïcha, la femme de Mohammed ﷺ, dit: "Ô mon neveu! Nous voyions, parfois, trois nouvelles lunes en deux mois sans allumer un feu (pour préparer un repas) dans les maisons du Prophète ﷺ." Son neveu demanda: "Ô Tante! De quoi subsistiez-vous?" Elle dit: "Les deux (choses) noires, les dattes et l'eau, mais le Prophète ﷺ avait quelques voisins Ansârs qui avaient des chamelles allaitantes et ils envoyaient au Prophète ﷺ de leur lait"[49]
- Sahl ibn Saad, l'un des compagnons de Mohammed ﷺ, dit: "Le Prophète d'Allah ﷺ n'a pas vu le pain de farine depuis le début de sa mission jusqu'à sa mort"[50]
- Aïcha, la femme de Mohammed ﷺ, dit: "le matelas du Prophète ﷺ, sur lequel il dormait, a été fait de cuir rembourré de fibre de palmiers"[51]
- Amr ibn Al-Hârith, l'un des compagnons de Mohammed ﷺ, dit que quand le Prophète ﷺ est décédé, il n'a laissé ni argent ni autre chose sauf son mulet blanc, ses armes, et un terrain qu'il a donné en charité.[52]

Mohammed ﷺ menait cette vie dure jusqu'à ce qu'il mourut malgré que la trésorerie musulmane était à sa disposition, la plus grande partie de la Péninsule Arabique était musulmane avant sa

---

(49) Rapporté en *Sahîh Al-Boukhâri,,* numéro 2567, et *Sahîh Mouslim,* numéro 2972.
(50) Rapporté en *Sahîh Al-Boukhâri,,* numéro 5413, et *At-Tirmithi,,* numéro. 2364.
(51) Rapporté en *Sahîh Al-Boukhâri,,* numéro 6456, et *Sahîh Mouslim,* numéro 2082.
(52) Rapporté en *Sahih Al-Boukhâri,* numéro 2739, et *Mosnad Ahmad,* numéro 17990

mort et les musulmans étaient victorieux dix-huit ans après le début de sa mission.

Est-il possible que Mohammed ﷺ ait prétendu à la prophétie pour atteindre un statut, la gloire ou le pouvoir? Le désir d'obtenir un statut particulier ou le pouvoir est généralement associé à une bonne nourriture, des habits extravagants, des palais monumentaux, des gardiens colorés ainsi qu'une autorité incontestable. Y a-t-il un de ces indicateurs qui s'applique à Mohammed ﷺ? Nous citons ici les propos des compagnons qui peuvent aider à répondre à cette question:

En dépit de ses responsabilités comme prophète, enseignant, homme d'état et juge, Mohammed ﷺ trayait sa chèvre[53], raccommodait ses vêtements, réparait ses chaussures[54], aidait dans le travail de la maison[55] et se rendait au chevet des gens pauvres quand ils tombaient malades[56]. Il aidait aussi ses compagnons à creuser une tranchée en déplaçant le sable avec eux[57]. Sa vie était un modèle étonnant de simplicité et de modestie.

Les partisans de Mohammed ﷺ l'aimaient, le respectaient, et avaient confiance absolue en lui. Il insistait toujours sur le fait que le culte devait être dirigé à Allah et non pas à lui personnellement. Anas, l'un des compagnons de Mohammed ﷺ, dit qu'il n'y avait aucune personne qu'ils aimaient plus que le Prophète Mohammed ﷺ. Cependant quand il se rendait chez eux, ils ne se levaient pas, car il détestait qu'on se mette debout pour lui[58], contrairement à ce que font les autres gens avec leurs peuples.

Longtemps avant, aucune perspective de succès pour l'Islam n'était apparente et au début d'une longue et douloureuse époque de torture, de souffrance, de persécution de Mohammed ﷺ et de ses partisans, il reçut une offre intéressante. Un envoyé des chefs des païens, Otbah, vint lui dire: “Si tu veux de l'argent, nous te collecterons assez d'argent afin que tu sois le plus riche parmi nous. Si

---

(53) Rapporté en *Mosnad Ahmad,* numéro 25662.
(54) Rapporté en *Sahîh Al-Boukhâri,* numéro 676, et *Mosnad Ahmed,* numéro 25517.
(55) Rapporté en *Sahîh Al-Boukhâri,* numéro 676, et *Mosnad Ahmed,* numéro 23706.
(56) Rapporté en *Mowatta 'Malik,* numéro 531.
(57) Rapporté en *Sahîh Al-Boukhâri,* numéro 3034, et *Sahîh Mouslim,* numéro 1803, & *Mosnad Ahmad,* numéro 18017.
(58) Rapporté en *Mosnad Ahmed,* numéro 12117, et *At-Tirmithi*, numéro 2754.

tu veux le pouvoir, nous te désignerons notre chef et nous ne prendrons aucune décision sans ton approbation. Si tu veux le royaume, nous te couronnerons roi sur nous…" Une seule concession a été exigée de Mohammed ﷺ en contre partie, c'est le fait de renoncer à appeler les gens à l'Islam et à l'adoration d'Allah seul sans associé. Cette offre était-elle une tentation pour celui qui cherche des intérêts séculaires? Mohammed ﷺ était-il hésitant quand l'offre lui fut faite? A-t-il utilisé cela comme une stratégie de négociations et laissé la porte ouverte pour une meilleure offre? Sa réponse était la suivante: **﴾Au Nom d'Allah, le Tout Clément, le Tout Miséricordieux﴿** et il récita à Otbah les versets du Coran 41:1-38[59] dont voici quelques-uns:

> **﴾[C'est] une Révélation descendue de la part du Tout Miséricordieux, du Très Miséricordieux. Un Livre dont les versets sont détaillés (et clairement exposés), un Coran [lecture] arabe pour des gens qui savent, annonciateur [d'une bonne nouvelle] et avertisseur. Mais la plupart d'entre eux se détournent; c'est qu'ils n'entendent pas﴿** (41:2-4).

A une autre occasion et en réponse à l'interdiction formulée par son oncle de cesser d'appeler les gens à l'Islam, la réponse de Mohammed ﷺ était décisive et sincère: **{Je jure par le nom d'Allah, Ô Oncle! que s'ils placent le soleil dans ma main droite et la lune dans ma main gauche afin que je renonce à cette question (appeler les gens à l'Islam), je ne cesserai jamais jusqu'à ce que Allah le fasse triompher ou que je périsse en le défendant}[60].**

Mohammed ﷺ et ses partisans n'ont pas seulement souffert de la persécution pendant treize années, mais aussi du fait que les mécréants ont essayé même de tuer Mohammed ﷺ à plusieurs reprises. A une occasion, ils ont entrepris de le tuer en laissant tomber un grand galet très lourd sur sa tête[61]. Une autre fois, ils ont essayé de le tuer en empoisonnant sa nourriture[62]. Que pourrait justifier une telle vie de souffrance et de sacrifice même après qu'il fût complètement triomphant sur ses adversaires? Que pouvait expliquer l'humilité et la noblesse qu'il

(59) *As-sîrah An-Nabawiyyah,* Ibn Hichâm, vol. 1, pp. 293-294.
(60) *As-sîrah An-Nabawiyyah,* Ibn Hichâm, vol. 1, pp. 265-266..
(61) *As-sîrah An-Nabawiyyah,* Ibn Hichâm, vol. 1, pp. 298-299.
(62) Rapporté par *Ad-Dârimi*, numéro 68, et *Abi Dawoud*, numéro 4510.

démontrait en ses moments les plus glorieux tout en insistant sur le fait que le succès était dû à l'aide d'Allah seulement et non à son propre génie? Ces caractéristiques sont-elles celles de quelqu'un assoiffé par le pouvoir ou d'un homme égocentrique?

(7) La croissance phénoménale de l'Islam

A la fin de ce chapitre, il conviendrait de signaler une indication importante sur la vérité de l'Islam. Il est bien connu qu'aux Etats-Unis, l'Islam est la religion la plus rapide dans sa croissance. Nous citerons ici quelques observations sur ce phénomène:

- "L'Islam est la religion la plus rapide dans sa croissance en Amérique, un guide et un pilier de stabilité pour beaucoup de nos gens..." (Hillary Rodham Clinton, *Los Angeles Times*)[63].
- "Les Musulmans sont le groupe le plus rapide en croissance dans le monde..." (The Population Reference Bureau, *USA Today*)[64].
- "...L'Islam est la religion la plus rapide en croissance dans le pays." (Geraldine Baum; *Newsday* Religion Writer, *Newsday*)[65].
- "L'Islam, la religion la plus rapide en croissance aux Etats-Unis..." (Ari L. Goldman, *New York Times*)[66].

Ce phénomène indique que l'Islam est une vraie religion d'Allah. Il a tort celui qui pense que tant d'américains se soient convertis à l'Islam sans considération prudente ni contemplation profonde avant de décider que l'Islam est la religion véridique. Ces américains viennent de classes, races, et modes de vie différents. Ils se composent de scientifiques, de professeurs, de philosophes et de journalistes. Les points cités dans ce chapitre constituent seulement quelques preuves qui soutiennent la croyance que le Coran est la parole d'Allah, que Mohammed ﷺ est vraiment un prophète envoyé par Dieu et que l'Islam est vraiment une religion d'Allah.

---

(63) Larry B. Stammer, Times Religion Writer, "First Lady Breaks Ground With Muslims", *Los Angeles Times,* Home edition, Metro Section, Partie B, 31 Mai 1996, p 3.
(64) Timothy kenny, "Elsewhere in the World", *USA Today,* Final Edition, News Section, 17 Février 1989, p. 4A.
(65) Geraldine Baum, "For Love of Allâh", *Newsday,* Nassau et Suffolk Edition, Partie 11, 7 mars, 1989, p. 4.
(66) Ari. L. Goldman, "Mainstream Islam Rapidly Embraced by Black Americans", *New York Times*, Late City Final Edition, 21 Février 1989, p. 1.

Chapitre 2

QUELQUES BIENFAITS DE L'ISLAM

L'Islam apporte beaucoup de bienfaits à l'individu et à la société. Ce chapitre en cite quelques-uns.

(1) Le Paradis éternel

Allah dit dans le Coran:

﴾Annonce à ceux qui croient et pratiquent de bonnes œuvres qu'ils auront pour demeures des jardins sous lesquels coulent les ruisseaux...﴿ (2:25).

Allah dit aussi:

﴾Hâtez-vous vers un pardon de votre Seigneur ainsi qu'un Paradis aussi large que le ciel et la terre, préparé pour ceux qui ont cru en Allah et en Ses Messagers...﴿ (57:21).

Le Prophète Mohammed ﷺ nous informe que les plus bas en rang parmi les habitants du Paradis auront dix fois ce monde[67], et il ou elle aura tout ce qu'il ou elle désire et dix fois de plus[68]. Aussi, le Prophète Mohammed ﷺ dit: **{Un espace équivalent à la dimension d'un pied au Paradis est meilleur que ce monde et ce qu'il contient}**[69]. Il dit aussi: **{Au Paradis, il y a des choses qu'aucun œil n'a vu, aucune oreille n'a entendu, et aucun esprit humain n'a pensé}**[70]. Il dit aussi: **{Une fois accédé au Paradis, l'homme le plus misérable du monde de ceux désignés pour le Paradis, sera interrogé: "Ô Fils d'Adam! As-tu jamais affronté une misère? As-tu jamais été sujet d'une épreuve?" Il dira: "Non, par Allah, Ô Seigneur! Je n'ai**

(67) Rapporté en *Sahîh Mouslim,* numéro 186, et *Sahîh Al-Boukhâri,* numéro 6571.
(68) Rapporté en *Sahîh Mouslim,* numéro 188, et *Mosnad Ahmad,* numéro 10832.
(69) Rapporté en *Sahîh Al-Boukhâri,* numéro 6568, et *Mosnad Ahmad,* numéro 13368.
(70) Rapporté en *Sahîh Mouslim,* numéro 2825, et *Mosnad Ahmad,* numéro 8609.

jamais affronté de misère, et je n'ai jamais été éprouvé}[71].

Si tu entres au Paradis, tu mèneras une vie très heureuse; sans maladie, ni souffrance, ni tristesse, ni mort; Allah sera satisfait de toi et tu y vivras à jamais. Allah dit dans le Coran:

﴾Et quant à ceux qui ont cru et fait de bonnes œuvres, bientôt Nous les ferons entrer aux Jardins sous lesquels coulent des ruisseaux. Ils y demeureront éternellement...﴿(4:57).

(2) Se racheter de l'Enfer

Allah dit dans le Coran:

﴾Ceux qui ne croient pas et qui meurent mécréants, il ne sera jamais accepté d'aucun d'eux de se racheter même si pour cela il (donnait) le contenu, en or, de la terre. Ils auront un châtiment douloureux, et ils n'auront point de secoureurs﴿ (3:91).

Alors, cette vie est notre seule chance de gagner le Paradis et d'échapper à l'Enfer, car si quelqu'un meurt dans l'incrédulité, il n'aura plus aucune autre chance de revenir à ce monde pour croire. Allah nous informe dans le Coran au sujet de ce qui va se passer pour les mécréants le Jour du Jugement dernier.

﴾Si tu les voyais, quand ils seront placés devant le Feu. Ils diront alors: "Hélas! Si nous pouvions être renvoyés (sur la terre), nous ne traîterions plus de mensonges les versets de notre Seigneur et nous serions du nombre des croyants"﴿ (6:27).

Mais personne n'aura cette seconde chance. Le Prophète Mohammed ﷺ dit: **{L'homme le plus heureux du monde parmi ceux qui sont condamnés au Feu (l'Enfer) le Jour du Jugement dernier, une fois descendu dans le Feu, il sera interrogé: "Ô Fils d'Adam! As-tu vu quelque chose de bien? As-tu jamais éprouvé**

(71) Rapporté en *Sahîh Mouslim,* numéro 2807, et *Mosnad Ahmad,* numéro 112699.

une bénédiction?" Il dira: "Non, par Allah, Ô Seigneur}[72].

(3) Le vrai bonheur et la paix intérieure

La paix et le vrai bonheur se trouvent dans la soumission aux ordres du Créateur et le Souverain de ce monde. Allah dit dans le Coran:

﴾Ceux qui ont cru, et dont les cœurs se tranquillisent à l'évocation d'Allah﴿ (13:28).

D'autre part, celui qui se détourne du Coran aura une vie difficile dans ce monde. Allah dit:

﴾Et quiconque se détourne de Mon Rappel[73], mènera certes, une vie pleine de gêne, et le Jour de la Résurrection Nous l'amènerons aveugle au rassemblement﴿ (20:124).

Cela peut expliquer pourquoi certains gens commettent le suicide alors qu'ils jouissent de l'argent et du bien-être matériel.

Regardez, par exemple, Cat Stevens (maintenant Yousouf Islam), un ex-chanteur très connu dans la musique pop; il gagnait parfois plus de 150,000 dollars par nuit. Après qu'il s'est converti à l'Islam, il a trouvé la paix et le vrai bonheur qu'il n'avait pas trouvés dans le succès matériel[74].

---

(72) Rapporté en *Sahîh Mouslim,* numéro 2807, et *Mosnad Ahmad,* numéro 12699.

(73) Il ne croit ni au Coran ni à ses ordres.

(74) L'adresse actuelle de Cat Stevens (Yousouf Islam), au cas où vous voulez connaître davantage sur ses sentiments après sa conversion en Islam, est: 2 Digswell Street, London N7 8JX, United Kingdom.

(4) Le pardon pour tous les péchés antérieurs

Lorsque quelqu'un se convertit à l'Islam, Allah pardonne tous ses péchés et méfaits antérieurs.

Un homme nommé Amr vint au Prophète Mohammed ﷺ et dit: "Tends-moi ta main droite afin que je te donne ma promesse de loyauté." Le Prophète ﷺ étendit sa main droite. Amr retira la sienne. Le Prophète ﷺ dit: {Qu'est-ce qui t'arrive, Ô Amr?} Il répondit: "J'ai l'intention de proposer une condition." Le Prophète ﷺ demanda: {Quelle condition veux-tu proposer?} Amr dit: "Qu'Allah pardonne mes péchés." Le Prophète ﷺ dit: {N'as-tu pas su que la conversion à l'Islam efface tous les péchés antérieurs?}.[75]

Après s'être converti à l'Islam, la personne sera récompensée pour ses bonnes et mauvaises actions selon le Hadith suivant du Prophète Mohammed ﷺ: **{Votre Seigneur ﷻ est très miséricordieux. Si quelqu'un a l'intention de faire un bienfait mais ne le fait pas; un bienfait sera enregistré en sa faveur. S'il le fait, une récompense équivalent à dix à sept cents fois ou beaucoup de fois plus (la récompense du bienfait) sera enregistrée en sa faveur. Et si quelqu'un a l'intention de faire un méfait mais il ne le fait pas, un bienfait sera enregistré en sa faveur. Et s'il le fait, un seul méfait sera enregistré contre lui ou bien Allah l'effacera}.**[76]

(75) Rapporté en *Sahîh Mouslim,* numéro 121, et *Mosnad Ahmad,* numéro 17357.

(76) Rapporté en *Sahîh Mouslim,* numéro 131, et *Mosnad Ahmad,* numéro 2515.

Chapitre 3

INFORMATION GENERALE SUR L'ISLAM

QU'EST-CE QUE L'ISLAM?

La religion de l'Islam est l'acceptation complète des commandements d'Allah qu'Il a révélés à Son Prophète Mohammed ﷺ.

Les croyances islamiques de base

1) La croyance en Allah:

Les musulmans croient en un dieu unique, incomparable, Qui n'a ni fils ni associé, et qu'aucun autre que Lui Seul n'a le droit d'être adoré. Il est le vrai dieu et toute autre divinité est fausse. Il a les noms les plus sublimes et les attributs les plus parfaits. Personne n'a de part dans Sa divinité ni dans Ses attributs. Dans le Coran, Allah se décrit:

﴾Dis: "Il est Allah, Unique. Allah, Le Seul à être imploré pour ce que nous désirons. Il n'a jamais engendré, n'a pas été engendré non plus. Et nul n'est égal à Lui"﴿ (112:1-4).

Personne n'a le droit d'être invoqué, supplié, prié, ou adoré autre qu'Allah seul.

Chapitre (Sourate) 112 du Coran écrit en calligraphie Arabe

Allah seul est le Tout-puissant, le Créateur, le Souverain, et le Pourvoyeur de tout dans l'univers. Il dirige toutes les affaires. Il répond au besoin de Ses créatures, et toutes Ses créatures dépendent de Lui dans tous les besoins. Il est L'Audient, le Clairvoyant, l'Omniscient. Sa connaissance englobe toutes les choses, le perceptible et l'invisible, et le commun et l'intime. Il sait tout ce qui s'est passé, ce qui se passera, et comment il se passera. Aucune affaire ne se produit dans l'univers sans Sa volonté. Tout ce qu'Il veut se fait, et tout ce qu'Il ne veut pas ne se fait pas et ne se fera jamais. Sa volonté est au-dessus de la volonté de toutes les créatures. Il a le pouvoir sur toutes les choses, et Il est capable de tout faire. Il est le Tout Clément, le Tout Miséricordieux, et le Tout Bienfaisant. Dans l'un des Hadiths du Prophète Mohammed ﷺ, nous apprenons qu'Allah est plus miséricordieux envers Ses créatures que la mère envers son enfant[77]. Allah est exempt d'injustice et de tyrannie. Il est le Tout-Sage dans toutes Ses actions et Ses décrets. Si une personne veut quelque chose d'Allah, elle peut demander à Allah directement sans aucune intercession.

Allah n'est pas Jésus et Jésus n'est pas Allah[78]. Jésus même refuse ce credo. Allah dit dans le Coran:

﴾Ce sont, certes, des mécréants ceux qui disent: "En vérité, Allah c'est le Messie, fils de Marie". Alors que le Messie a dit: "enfants d'Israël, adorez Allah, mon Seigneur et votre Seigneur". Quiconque associe à Allah (d'autres divinités), Allah lui interdit le Paradis; et son refuge sera le Feu. Et pour les injustes, pas de secoureurs﴿ (5:72).[79]

Allah n'est pas une trinité. Allah dit dans le Coran:

﴾Ce sont, certes, des mécréants, ceux qui disent: "En vérité, Allah est le troisième de trois". Alors qu'il n'y a de divinité qu'Une Divinité Unique! Et s'ils ne cessent de le dire, certes, un châtiment douloureux touchera les mécréants d'entre

---

(77) Rapporté en *Sahîh Mouslim,* numéro 2754, et *Sahîh Al-Boukhâri,* numéro 5999.

(78) Il a été rapporté par *The Associated Press*, Londres, en 25 Juin 1984 que pendant une émission de télévision, la majorité des évêques anglicans dirent: "Les Chrétiens ne sont pas obligés de croire que Jésus le Christ est Dieu." L'élection était 31 des 39 évêques de l'Angleterre. Le rapport a affirmé encore plus que 19 des 31 évêques ont dit qu'il était suffisant de considérer Jésus comme "l'agent suprême de Dieu." L'élection a été conduite chaque fin de semaine par le programme religieux hebdomadaire à Londres "Credo".

(79) Les injustes incluent les polythéistes.

eux. Ne vont-ils donc pas se repentir à Allah et implorer Son pardon? Car Allah est Pardonneur et Miséricordieux. Le Messie, fils de Marie, n'était qu'un Messager...》(5:73-75).

L'Islam renie qu'Allah s'est reposé de la création, le septième jour, qu'Il s'est battu avec l'un de Ses anges, qu'Il est un conspirateur envieux contre l'espèce humaine, ou qu'Il s'est incarné dans un être humain. L'Islam renie aussi l'attribution de toute forme humaine à Allah. Tout cela est considéré blasphématoire. Allah est l'Exalté. Il est exempt de toute imperfection. Il ne se lasse jamais, ne se fatigue jamais et ne dort jamais.

Le terme Arabe *Allah* veut dire la divinité (le seul et le vrai dieu qui a créé l'univers entier). Ce terme *Allah* est le nom d'Allah qui est utilisé par les Arabes, musulmans et chrétiens. Ce terme ne peut pas être utilisé pour désigner une autre entité autre que le Seul vrai dieu. Le terme Arabe *Allah* apparaît dans le Coran plus de 2150 fois. En Araméen, une langue en rapport avec l'arabe et la langue que Jésus parlait habituellement[80], *Allah* était le terme qui faisait référence à Allah.

2) La croyance aux Anges:

Les musulmans croient en l'existence des anges et qu'ils sont des créatures honorées. Les anges adorent Allah seul, obéissent à Lui, et n'agissent que selon Son ordre. Parmi les anges, il y a Gabriel qui a transmis le Coran à Mohammed ﷺ.

3) La croyance aux Livres qu'Allah a révélés:

Les musulmans croient qu'Allah a révélé des Livres à Ses messagers comme preuve et guide pour l'espèce humaine. Parmi ces livres, le Coran qu'Allah a révélé au Prophète Mohammed ﷺ. Allah a garanti la protection du Coran de toute corruption ou de falsification. Allah dit:

(80) *NIV Compact Dictionary of the Bible,* Douglas, p. 42.

﴾En vérité c'est Nous qui avons fait descendre le Coran, et c'est Nous qui en sommes gardien﴿ (15:9).

4) La croyance aux Prophètes et Messagers d'Allah:

Les musulmans croient aux prophètes et messagers d'Allah, depuis Adam, y compris Noé, Abraham, Ismaël, Isaac, Jacob, Moïse, et Jésus (que le salut soit sur eux). Mais le dernier message d'Allah à l'homme et la confirmation du message éternel, a été révélé au Prophète Mohammed ﷺ. Les musulmans croient que Mohammed ﷺ est le dernier prophète envoyé par Allah, comme le dit Allah:

﴾Mohammed n'a jamais été le père de l'un de vos hommes, mais le messager d'Allah et le dernier des prophètes. Allah est Omniscient﴿ (33:40).

Les musulmans croient que tous les prophètes et les messagers sont des êtres humains qui n'ont aucune des qualités divines d'Allah.

5) La croyance au jour du Jugement Dernier:

Les musulmans croient au jour du Jugement (le jour de la Résurrection) quand tous les gens seront ressuscités pour être jugés par Allah selon leurs croyances et leurs actions.

6) La croyance en *Al-Kadar* (le destin)

Les musulmans croient en *Al-Kadar* qui est la destinée Divine, mais cette croyance en la destinée Divine ne veut pas dire que les êtres humains n'ont pas de volonté. Les musulmans croient, plutôt, qu'Allah a donné la volonté aux êtres humains. Cela veut dire qu'ils peuvent choisir le bien ou le mal et qu'ils sont responsables de leurs choix.

La croyance en la destinée Divine implique la croyance en quatre principes: 1) Allah sait tout. Il sait ce qui s'est passé et ce qui se passera. 2) Allah a enregistré tout ce qui s'est produit et ce qui aura lieu. 3) Tout ce que Allah veut se produit, et tout ce qu'Il ne veut pas ne se produit pas. 4) Allah est le Créateur de tout.

Y-a-t-il une source sacrée autre que le Coran?

Oui. La Sunna (ce que le Prophète Mohammed ﷺ a dit, fait, ou approuvé) est la deuxième source dans l'Islam. La Sunna se compose de Hadiths qui sont des rapports transmis selon des critères de foi rigoureux, par les compagnons du Prophète Mohammed ﷺ de ce qu'il a dit, fait ou approuvé. La croyance en la Sunna est une croyance Islamique de base.

Exemples de Hadiths du Prophète Mohammed ﷺ

- **{Les croyants, dans leur amour, pitié, et gentillesse les uns envers les autres sont comme un corps: si une de ses parties est malade, le corps entier réagit par la fièvre et l'insomnie}.**[81]
- **{Les croyants qui ont la foi la plus parfaite sont les meilleurs dans leur moralité. Et les meilleurs parmi eux sont ceux qui se comportent le mieux avec leurs femmes}.**[82]
- **{Aucun de vous ne croira (complètement) jusqu'à ce qu'il aime pour son frère ce qu'il aime pour lui-même}.**[83]
- **{Le pitoyable est admiré avec pitié par le Tout-Clément. Faites preuve de pitié sur terre, et Allah manifestera la pitié envers vous}.**[84]
- **{Le sourire à ton frère est une charité....}.**[85]
- **{La parole douce est une charité}.**[86]
- **{Quiconque croit en Allah et au jour Dernier (le jour du Jugement) doit être bienfaisant envers son voisin}.**[87]

(81) Rapporté en *Sahîh Mouslim,* numéro 2586, et *Sahîh Al-Boukhâri*, numéro 6011.
(82) Rapporté en *Mosnad Ahmed,* numéro 7354, et At-Tirmithi, numéro. 1162.
(83) Rapporté en *Sahîh Mouslim,* numéro 45, et *Sahîh Al-Boukhâri*, numéro 13.
(84) Rapporté en At-Tirmithi, numéro 1924, et Abi Dawoud, numéro 4941.
(85) Rapporté en At-Tirmithi, numéro 1956.
(86) Rapporté en *Sahîh Mouslim,* numéro 1009, et *Sahîh Al-Boukhâri* numéro 2989.
(87) Rapporté en *Sahîh Mouslim,* numéro 48, et *Sahîh Al-Boukhâri*, numéro 6019.

- **{Allah ne vous juge pas selon votre apparence et votre richesse, mais vous juge, plutôt, selon vos cœurs et vos actions}.**[88]
- **{Donnez à l'ouvrier son salaire avant que sa sueur ne sèche}.**[89]
- **{Un homme marchait le long d'un chemin quand il eut soif. Il arriva à un puits, y descendit, but à son plein et monta. Ensuite, il vit un chien essoufflé par la soif, qui essayait de lécher la boue pour étancher sa soif. L'homme se dit: "Ce chien sent la même soif que j'ai sentie." Alors, il descendit de nouveau dans le puits, remplit sa chaussure avec de l'eau et donna à boire au chien. Alors, Allah l'a remercié et pardonné ses péchés." Le Prophète ﷺ fut interrogé: "Ô Messager d'Allah! Sommes-nous récompensés pour la gentillesse envers les animaux?" Il dit: "Il y a une récompense pour la gentillesse envers chaque être, animal ou humain}.**[90]

Que dit l'Islam au sujet du jour du Jugement?

Comme les chrétiens, les musulmans croient que la vie présente n'est qu'une phase transitoire pour le prochain royaume d'existence. Cette vie est une épreuve pour chaque individu pour la vie après la mort. Un jour viendra où l'univers entier sera détruit et les morts seront ressuscités pour être jugés par Allah. Ce jour-là sera le commencement d'une vie sans fin. Ce jour-là est le jour du Jugement. Ce jour-là, tous les gens seront récompensés par Allah selon leurs croyances et leurs actions. Ceux qui meurent en croyant **"qu'il n'y a point de divinité en dehors d'Allah et que Mohammed est le Messager d'Allah"** en étant musulmans seront récompensés ce jour-là et seront admis au Paradis pour l'éternité, comme le dit Allah:

﴾Et ceux qui croient et pratiquent les bonnes œuvres, ceux-là sont les gens du Paradis où ils demeureront

(88) Rapporté en *Sahîh Mouslim,* numéro 2564.

(89) Rapporté en *Ibn Mâja*, numéro 2443.

(90) Rapporté en *Sahîh Mouslim,* numéro 2244, et *Sahîh Al-Boukhâri*, numéro 2466.

Mais ceux qui meurent en étant mécréants du fait **"qu'il n'y a point de divinité en dehors d'Allah et que Mohammed est le Messager d'Allah"** ou ceux qui ne sont pas musulmans perdront le Paradis à jamais et seront envoyés en Enfer, comme le dit Allah:

> **﴾Et quiconque désire une religion autre que l'Islam, ne sera point agréé, et il sera, dans l'au-dela, parmi les perdants﴿** (3:85).

Et aussi:

> **﴾Ceux qui ne croient pas et qui meurent mécréants, il ne sera jamais accepté d'aucun d'eux de se racheter même si pour cela il (donnait) le contenu, en or, de la terre. Ils auront un châtiment douloureux, et ils n'auront point de secoureurs﴿** (3:91).

Quelqu'un peut se demander: "Je pense que l'Islam est une bonne religion, mais si je me convertis à l'Islam, ma famille, mes amis, et d'autres gens me persécuteront et se moqueront de moi. Ainsi, si je ne me convertis pas à l'Islam, entrerai-je au paradis et serai-je sauvé de l'Enfer?

La réponse est ce qu'Allah dit dans le verset précédent: **﴾Et quiconque désire une religion autre que l'Islam, ne sera point agréé, et il sera, dans l'au-dela, parmi les perdants﴿**.

Après avoir envoyé le Prophète Mohammed ﷺ pour appeler les gens à l'Islam, Allah n'accepte pas l'adhésion à n'importe quelle religion autre que l'Islam. Allah est notre Créateur et Pourvoyeur. Il a créé pour nous tout ce qui est sur terre. Toutes les bénédictions et les bonnes choses proviennent de Lui. Ainsi après tout cela, quand quelqu'un repousse la croyance en Allah, Son Prophète Mohammed ﷺ ou en Sa religion de l'Islam, ce n'est donc que la justice qu'il (ou elle) soit puni dans l'Au-delà. D'ailleurs, le but principal de notre création est l'adoration d'Allah seul, comme Allah le dit dans le Coran Sacré dans le verset **(51:56).**

Cette vie que nous menons aujourd'hui est une vie très courte. Le jour du Jugement, les mécréants penseront que la vie qu'ils avaient menée ici-bas n'était qu'un jour ou une partie d'un jour, comme le dit Allah:

﴿**Il dira: "Combien d'années êtes-vous restés sur terre"? Ils diront: "Nous y avons demeuré un jour, ou une partie d'un jour. Interroge donc ceux qui comptent"**﴾ (23:112,113).

Et dit:

﴿**Pensiez-vous que Nous vous avions créés sans but, et que vous ne seriez pas ramenés vers Nous"? Que soit exalté Allah, le vrai Souverain! Pas de divinité en dehors de Lui, le Seigneur du Trône sublime!**﴾ (23:115,116).

En comparant ce monde d'ici-bas avec celui de l'Au-delà, le Prophète Mohammed ﷺ dit: {**La valeur de ce monde comparée à celle de l'Au-delà équivaut à ce que ton doigt prend de la mer quand tu le mets dedans et tu le fais sortir**}[91].

La signification est que, la valeur de ce monde comparée à celle de l'Au-delà équivaut à quelques gouttes d'eau comparées à la mer.

Comment devient-on musulman?

Tout simplement en disant avec conviction: ***"Lâ Ilâha Illal-Lâh, Mohammadoun Rasoulou-Lâh"***, on se convertit à l'Islam et on devient un musulman. Cela veut dire **"Il n'y a point de divinité en dehors d'Allah (Allah), Mohammed est le Messager d'Allah (Allah)[92]."** La première partie, "Il n'y a point de divinité en dehors d'Allah", signifie qu'aucun n'a le droit d'être adoré autre qu'Allah seul, et qu'Allah n'a ni associé ni fils. Pour être un musulman, on doit aussi:

- Croire que le Coran est la parole d'Allah, révélé par Lui.
- Croire que le jour du Jugement (le jour de la Résurrection) est vrai et qu'il aura lieu, comme Allah a promis dans le Coran.

---

(91) Rapporté en *Sahîh Mouslim,* numéro 2858, et *Sahîh Al-Boukhâri*, numéro 17560.

(92) Le terme Arabe *Allah* signifie Dieu (le Vrai qui a créé l'univers entier). Ce terme *Allah* est le nom de Dieu qui est utilisé par les arabes musulmans et chrétiens.

- Accepter l'Islam comme sa religion.
- Renoncer à l'adoration de toute fausse divinité en dehors d'Allah.

Le Prophète Mohammed ﷺ dit: {**"Allah est plus content du repentir de Son serviteur qu'un homme qui se dirige vers le lieu où sa vie est en danger et sa monture porte sa nourriture et son eau. Il se repose un peu et s'endort pour un moment, mais quand il se réveille, il se rend compte que sa monture a disparu. Il commence à la chercher et quand la chaleur et la soif ont raison de lui, il dit: Je vais retourner au lieu où j'étais. Il retourne et s'endort de nouveau et quand il se réveille, il trouve sa monture près de lui. Alors, il saisit sa corde et s'écrie dans une grande joie: "Ô Allah, Tu es mon serviteur et je suis Ton Seigneur!." Son erreur vient de l'intensité de sa joie**}[93].

La confession de foi: "Il n'y a point de divinité en dehors d'Allah, Mohammed est le Messager d'Allah" inscrite à une entrée.

(93) Rapporté en *Sahîh Mouslim,* numéro 2747, et *Sahîh Al-Boukhâri*, numéro 6309.

Qu'est-ce que le Coran?

Le Coran, la dernière parole révélée d'Allah, est la source fondamentale de la foi et de la pratique de chaque musulman. Il traite de tous les sujets qui intéressent les êtres humains: sagesse, doctrine, adoration, transactions, droits, etc., mais son thème de base est le rapport entre Allah et Ses créatures. En même temps, il fournit des directives et des enseignements détaillés pour une société juste, une conduite humaine adéquate et un système économique équitable.

A noter que le Coran a été révélé à Mohammed ﷺ en arabe seulement. Ainsi, toute traduction Coranique, soit en anglais ou en n'importe quelle autre langue, n'est ni le Coran, ni une version du Coran non plus, il n'est qu'une traduction des sens de ses versets. Le Coran est rédigé dans la langue arabe par laquelle il fut révélé.

Qui est le Prophète Mohammed ﷺ?

Mohammed ﷺ naquit à Makkah en l'année 570. Son père mourut avant sa naissance et sa mère mourut quelques temps après sa naissance. Il fut élevé par son oncle qui était de la tribu respectée de Kouraych. Il a été élevé illettré, incapable de lire et écrire, et demeura ainsi jusqu'à sa mort. Avant sa mission en tant que prophète, les siens étaient ignorants en science et la plupart d'eux étaient illettrés. Lorqu'il grandit, il était connu pour être honnête, digne de confiance, généreux, et sincère. Il était si digne de confiance qu'il fut surnommé l'Honnête.[94] Mohammed ﷺ était très religieux, et il détestait la décadence et l'idolâtrie de sa société.

A l'âge de quarante ans, Mohammed ﷺ reçut la première révélation d'Allah à travers l'Ange Gabriel. Les révélations continuèrent pendant vingt-trois années et elles sont connues dans

(94) Rapporté en *Mosnad Ahmad,* numéro 15078

La Mosquée du Prophète Mohammed ﷺ à Al-Madinah

leur ensemble par le Coran.

Aussitôt qu'il commença à réciter le Coran et prêcher la vérité qu'Allah lui avait révélée, lui et son petit groupe de partisans souffrirent de la persécution des mécréants. La persécution devint si violente qu'en l'année 622 Allah leur donna l'ordre d'émigrer. Cette émigration de Makkah vers la cité d'Al-Madinah, à 419 km au nord, marque le commencement du calendrier islamique.

Après plusieurs années, Mohammed ﷺ et ses partisans furent capables de retourner à Makkah où ils pardonnèrent à leurs ennemis. Avant la mort de Mohammed ﷺ, à l'âge de soixante-trois ans, la plus grande partie de la Péninsule Arabique était devenue musulmane, et un siècle après sa mort, l'Islam se propagea vers l'Espagne à l'Ouest et vers la Chine en Extrême-Orient. Parmi les raisons de la propagation rapide et paisible de l'Islam étaient la vérité et la clarté de son credo. L'Islam appelle à la croyance en un seul dieu Qui est le seul digne d'adoration.

Le Prophète Mohammed ﷺ était un parfait exemple d'un être humain honnête, juste, clément, compatissant, et courageux. En dépit du fait qu'il était un homme, il était exempt de toutes les mauvaises caractéristiques, et il luttait uniquement pour la cause d'Allah et Sa récompense dans l'Au-delà. De plus, il était toujours attentif et craintif d'Allah dans toutes ses actions et relations.

Comment la propagation de l'Islam a-t-elle fortifié le développement de la Science?

L'Islam instruit l'homme à utiliser ses facultés mentales et spirituelles. En quelques années de la propagation de l'Islam, de grandes civilisations et universités prospérèrent. La synthèse des idées de l'Est et celles de l'Ouest et la symbiose des nouvelles pensées avec les anciennes, ont produit de grandes pensées en médecine, en mathématiques, en physique, en astronomie, en géographie, en architecture, en littérature, et dans l'histoire. Beaucoup d'éléments relevant du savoir, tels que l'algèbre, les chiffres arabes, et le concept du zéro (vital à l'avancement des mathématiques), ont été transmis du monde musulman en Europe

L'astrolabe: L'un des instruments scientifiques les plus importants, il fut développé par les Musulmans et demeura largement utilisé à l'Ouest jusqu'aux temps modernes.

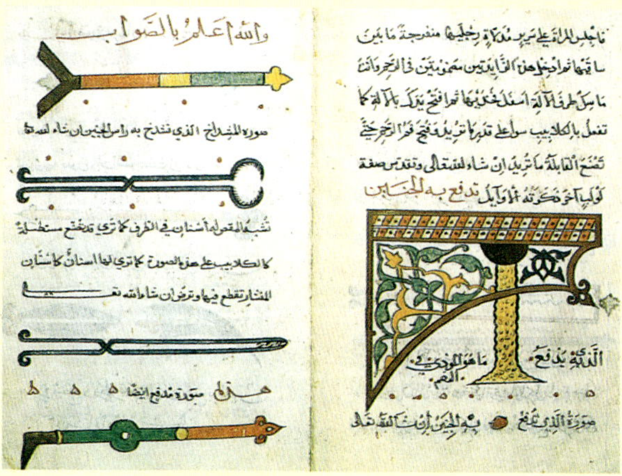

Les médecins musulmans accordaient un grand intérêt à la chirurgie; ils développèrent plusieurs instruments chirurgicaux comme l'atteste ce vieux manuscrit.

Médiévale. Les instruments sophistiqués qui rendirent possibles les voyages européens de découverte, tels que l'astrolabe, le quadrant, et les cartes exactes de navigation, furent aussi développés par les musulmans.

Quelles sont les croyances des musulmans sur Jésus?

Les musulmans respectent et révèrent Jésus (que la paix soit sur lui). Ils le considèrent l'un des plus grands messagers d'Allah à l'espèce humaine. Le Coran confirme sa naissance d'une vierge, et un chapitre du Coran, intitulé "Mariam (Marie)", lui est réservé. Le Coran décrit la naissance de Jésus comme suit:

﴾**(Rappelle-toi), quand les Anges dirent: "Ô Marie, voilà qu'Allah t'annonce une parole de Sa part: son nom sera "Al-Masîh" "Isâ", fils de Marie, illustre ici-bas comme dans l'au-delà, et l'un des rapprochés d'Allah". Il parlera aux gens, dans le berceau et en son âge mûr et il sera du nombre des gens de bien". -Elle dit: "Seigneur! Comment aurais-je un enfant, alors qu'aucun homme ne m'a touchée?"- "C'est ainsi" dit-Il. Allah crée ce qu'Il veut. Quand Il décide d'une chose, Il lui dit seulement: "Sois", et elle est aussitôt**﴿. (3:45-47).

Jésus naquit miraculeusement par l'ordre d'Allah qui avait donné la vie à Adam sans qu'il y ait père. Allah dit:

﴾**Pour Allah, Jésus est comme Adam qu'Il créa de poussière, puis Il lui dit: "Sois", et il fut**﴿. (3:59).

Pendant sa mission prophétique, Jésus a réalisé beaucoup de miracles. Allah nous informe que Jésus dit:

﴾**En vérité, je viens à vous avec un signe de la part de votre Seigneur. Pour vous, je forme de la glaise comme la figure d'un oiseau, puis je souffle dedans: et, par la permission d'Allah, cela devient un oiseau. Et je guéris l'aveugle-né et le lépreux, et je ressuscite les morts, par la permission**

d'Allah. Et je vous apprends ce que vous mangez et ce que vous amassez dans vos maisons...﴾ (3:49).

Les musulmans croient que Jésus n'a pas été crucifié. Les ennemis de Jésus avaient décidé de le crucifier, mais Allah l'a sauvé et l'a élevé jusqu'à Lui. Un semblant de Jésus se présenta à ses ennemis qui le prirent pour lui et le crucifèrent en croyant qu'ils avaient exécuté Jésus. Allah dit:

﴿**Et à cause de leur parole: "Nous avons vraiment tué le Christ, Jésus, fils de Marie, le Messager d'Allah"... Or, ils ne l'ont ni tué ni crucifié; mais ce n'était qu'un faux semblant! Et ceux qui ont discuté sur son sujet sont vraiment dans l'incertitude: ils n'en ont aucune connaissance certaine, ils ne font que suivre des conjectures et ils ne l'ont certainement pas tué**﴾ (4:157).

Ni Mohammed ﷺ ni Jésus عليه السلام ne tentèrent de changer le credo de base de la croyance en un seul dieu, la religion apportée par les anciens prophètes, ils œuvrèrent plutôt pour la confirmer et la renouveler.(95)

---

(95) Les Musulmans croient aussi qu'Allah a révélé un Livre Sacré à Jésus intitulé *Al-Injîl*, dont certaines parties sont encore valables dans les enscignements de Dieu à Jésus dans le Nouveau Testament. Mais cela ne veut pas dire que les musulmans croient en la Bible que nous avons aujourd'hui, car elle n'est pas la même Bible originale révélée par Dieu. Les Ecritures ont subi des modifications, des additions, et des omissions. Cela a aussi été dit par le Comité chargé de la revision de *The Holy Bible (Revised Standard Version).* Ce Comité a consisté en trente-deux savants qui ont servi comme membres du Comité. Ils se sont procurés la révision et la coopération des dénominations. Le Comité dit dans la Préface de *The Holy Bible (Revised Standard Version),* p. iv, "Quelquefois il est évident que le texte a souffert dans le processus de la transmission, mais aucune des versions ne fournit une restauration satisfaisante. Ici nous pouvons suivre seulement le meilleur jugement des savants compétents comme étant la reconstruction la plus vraisemblable du texte original." Le Comité dit aussi dans la Préface, p. vii: "Les notes ajoutées sont celles qui indiquent des variations considérables, des additions, ou des omissions par les anciennes autorités (Mt 9.34; Mk 3.16; 7.4; Lk 24:32, 51, etc.)."

La Mosquée Al-Aksa à Jérusalem.

Que dit l'Islam au sujet du terrorisme?

L'Islam est une religion de pitié qui n'autorise pas le terrorisme. Dans le Coran, Allah dit:

﴿**Allah ne vous défend pas d'être bienfaisant et équitables envers ceux qui ne vous ont pas combattus pour la religion et ne vous ont pas chassés de vos demeures. Car Allah aime les équitables**﴾ (60:8).

Le Prophète Mohammed ﷺ interdisait aux soldats de tuer les femmes et les enfants[96], et il les conseillait: {**... Ne trahissez pas, ne soyez pas excessifs, ne tuez pas les enfants**}.[97] Et il dit aussi: {**Quiconque tue une personne qui a un traité avec les musulmans ne sentira pas le parfum du Paradis, et son parfum sera loin d'une durée de quarante années**}.[98]

De même, le Prophète Mohammed ﷺ a défendu la punition avec le feu[99].

Il a inscrit, une fois, le meurtre comme le second des péchés

(96) Rapporté en *Sahîh Mouslim,* numéro 1744, et *Sahîh Al-Boukhâri,* numéro 3015.

(97) Rapporté en *Sahîh Mouslim,* numéro 1731, et *At-Tirmithi* numéro 1408.

(98) Rapporté en *Sahîh Al-Boukhâri,* numéro 3166, et *Ibn Mâja,* numéro 2686.

(99) Rapporté en *Abi Dawoud*, numéro 2675.

majeurs[100], et il a même prévenu qu'au jour du Jugement, {**les premiers cas à être jugés entre les gens le jour du Jugement seront ceux de l'effusion du sang.**[101]}[102]

Les musulmans sont encouragés à être gentils même avec les animaux. On leur a défendu de leur faire du mal. Une fois le Prophète Mohammed ﷺ dit: {**Une femme a été punie parce qu'elle a emprisonné une chatte jusqu'à ce qu'elle mourut. A cause de cela, elle ira en Enfer. Pendant qu'elle l'emprisonnait, elle ne lui donnait ni à boire ni à manger. Elle refusait même de la laisser manger des insectes de la terre**}.[103]

Il dit aussi qu'un homme a abreuvé un chien très assoiffé, ainsi Allah a pardonné ses péchés pour cette action. Le Prophète ﷺ fut interrogé: "Ô Messager d'Allah! Sommes-nous récompensés pour la gentillesse envers les animaux?" Il dit: {**Il y a une récompense pour la gentillesse envers tout être, animal ou humain**}.[104]

En outre, en prenant la vie d'un animal pour le consommer, les musulmans sont priés de le faire de la manière qui cause le minimum possible de douleur et de souffrance. Le Prophète Mohammed ﷺ dit: {**Quand vous égorgez un animal, faites-le de la meilleure manière. Qu'on aiguise le couteau pour réduire la souffrance de l'animal**}.[105]

A la lumière de ces textes islamiques ainsi que d'autres, les actes de répandre la terreur dans les cœurs des civils sans défense, la destruction massive des bâtiments et des propriétés, le bombardement et la mutilation des innocents hommes, femmes, et enfants sont tous des actes défendus par l'Islam et les musulmans. Les musulmans suivent une religion de paix, de pitié, et de pardon, et la

---

(100) Rapporté en *Sa<u>h</u>î<u>h</u> Mouslim,* numéro 88, et *Sa<u>h</u>î<u>h</u> Al-Bou<u>kh</u>âri,* numéro 6871.

(101) Les tueries et les blessures.

(102) Rapporté en *Sa<u>h</u>î<u>h</u> Mouslim,* numéro 1678, et *Sa<u>h</u>î<u>h</u> Al-Bou<u>kh</u>âri,* numéro 6533.

(103) Rapporté en *Sa<u>h</u>î<u>h</u> Mouslim,* numéro 2422, et *Sa<u>h</u>î<u>h</u> Al-Bou<u>kh</u>âri,* numéro 2365.

(104) Rapporté en *Sa<u>h</u>î<u>h</u> Mouslim,* numéro 2244, et *Sa<u>h</u>î<u>h</u> Al-Bou<u>kh</u>âri,* numéro 2466.

(105) Rapporté en *Sa<u>h</u>î<u>h</u> Mouslim,* numéro 1955, et *At-Tirmithi*, numéro 1409.

grande majorité désavouent les violents incidents que quelques-uns ont associés avec les musulmans. Si un musulman s'engage, même individuellement, à un acte de terrorisme, il est coupable de violer les lois de l'Islam.

Les droits de l'homme et la justice dans l'Islam

L'Islam reconnaît les droits de l'homme. Voici quelques exemples de ces droits établis par l'Islam.

La vie et la propriété de tous les citoyens dans un état Islamique sont considérées sacrées, que la personne soit musulmane ou pas. L'Islam protège aussi l'honneur. Ainsi, insulter les autres ou se moquer d'eux n'est pas permis dans l'Islam. Le Prophète Mohammed ﷺ dit: {**Certes, votre sang, vos propriétés et votre honneur sont inviolables**}.[106]

Le racisme n'est pas permis dans l'Islam selon les Paroles d'Allah sur l'égalité humaine dans les termes suivants:

﴾**Ô hommes! Nous vous avons créés d'un mâle et d'une femelle, et Nous avons fait de vous des nations et des tribus, pour que vous vous entreconnaissiez. Le plus noble d'entre vous, auprès d'Allah, est le plus pieux.**[107] **Allah est certes Omniscient et Grand-Connaisseur**﴿. (49:13)

L'Islam rejette le favoritisme entre les individus ou les nations à cause de leur richesse, leur pouvoir ou leur race. Allah a créé les êtres humains sur le même pied d'égalité et ils ne se distinguent les uns des autres que sur la base de la foi et de la piété. Le Prophète Mohammed ﷺ dit:

{**Ô Gens! Votre dieu est unique et votre aïeul (Adam) est unique. L'Arabe n'est pas meilleur que le non-Arabe et le non-Arabe n'est pas meilleur que l'Arabe, et la personne rouge (i.e. blanche teintée de rougeur) n'est pas meilleure que la personne noire et**

---

(106) Rapporté en *Sahîh Al-Boukhâri,* numéro 1739, et *Mosnad Ahmed,* numéro 2037.

(107) Une personne pieuse est le croyant qui s'abstient de tout type de péchés et accomplit tous les actes qu'Allah nous commande de faire.

la personne noire n'est pas meilleure que la personne rouge[108]**, si ce n'est par la piété}.**[109]

L'un des problèmes majeurs qu'affronte l'espèce humaine aujourd'hui est celui du racisme. Le monde développé peut envoyer un homme sur la lune mais il ne peut pas arrêter l'homme de détester l'homme. Depuis les jours du Prophète Mohammed ﷺ, l'Islam a donné un exemple éclatant qui pourrait erradiquer le racisme. Le pèlerinage annuel (*Hajj*) à Makkah montre la fraternité Islamique réelle de toutes les races et de toutes les nations, lorsqu'environ deux millions de musulmans de différentes contrées du monde viennent à Makkah pour accomplir le pèlerinage.

L'Islam est une religion de justice. Allah dit:

﴾Certes, Allah vous commande de rendre les dépôts à leurs ayants-droit, et quand vous jugez entre des gens, de juger avec équité...﴿ (4:58).

Et Il dit:

﴾et soyez équitables, car Allah aime les équitables﴿ (49:9).

Nous devons être justes même avec ceux que nous détestons, Allah dit:

﴾...Et que la haine pour un peuple ne vous incite pas à être

(108) Les couleurs citées dans le Hadith sont des exemples. La signification est qu'en Islam personne n'est meilleure que l'autre à cause de sa couleur, qu'il soit blanc, noir, rouge ou de n'importe quelle couleur.

(109) Rapporté en *Mosnad Ahmed*, No. 22978.

injustes. Pratiquez l'équité: cela est plus proche de la piété» (5:8).

Le Prophète Mohammed ﷺ dit: {**Ô Gens! Méfiez-vous de l'injustice**[110]**, car l'injustice sera une obscurité le jour du Jugement**}.[111]

Et ceux qui n'ont pas obtenu leurs droits (ceux qui ont été des victimes de l'injustice dans cette vie) les recevront le jour du Jugement, le Prophète ﷺ dit: {**Le jour du Jugement, les droits seront donnés à ceux qui les méritent (et les maux seront rétablis)...**}[112]

Quelle est la condition des femmes en Islam?

L'Islam considère que la femme, soit célibataire soit mariée, est un individu qui dispose du droit, de posséder et de disposer de sa propriété et de ses revenus sans aucune tutelle sur elle (son père, son mari, ou autre). Elle a le droit d'acheter et vendre, offrir des cadeaux, de faire de la charité, et elle peut dépenser son argent comme elle veut. Une dot de mariage est donnée par le mari à la mariée pour son propre usage personnel, et elle garde son propre nom de famille plutôt que prendre celui de son mari.

L'Islam encourage le mari à bien traiter sa femme, le Prophète Mohammed ﷺ dit: {**Les meilleurs parmi vous sont ceux qui sont les meilleurs envers leurs femmes**}.[113]

Les mères en Islam sont très honorées. L'Islam recommande qu'on les traite de la manière la plus honorable. **Un homme vint au Prophète Mohammed ﷺ et dit: "Ô Messager d'Allah! Qui est le plus digne de ma bonne compagnie parmi les gens? Le Prophète ﷺ dit: {Ta**

(110) Opprimer les autres, être injuste ou nuire aux autres.

(111) Rapporté en *Mosnad Ahmed*, No. 7598, et *Sahîh Al-Boukhâri*, No. 2447.

(112) Rapporté en *Sahîh Mouslim*, No. 2582, et *Mosnad Ahmed*, No. 7163.

(113) Rapporté en *Ibn Mâja*, No. 1978, et *At-Tirmithi*, No. 3895.

mère}. L'homme dit: "Puis qui?" Le Prophète ﷺ dit: {Puis ta mère}. L'homme demanda encore: "Puis qui?" Le Prophète ﷺ dit: {Puis ta mère}. L'homme demanda encore: "Puis qui?" Le Prophète ﷺ dit: {Puis ton père}.[114]

La famille en Islam

La famille, qui est l'unité de base de la civilisation, se désintègre maintenant. Le système familial islamique réalise l'équilibre entre les droits du mari, de la femme, des enfants, et des parents. Il encourage l'altruisme, la générosité et l'amitié dans la structure familiale bien-organisée. La paix et la sécurité offertes par la famille stable sont essentielles à la noblesse spirituelle de ses membres. Un ordre social harmonieux repose sur l'existence des familles nombreuses.

Comment les musulmans traitent-ils les personnes âgées?

Dans le monde islamique, il est rare de trouver "des maisons de retraite". L'acharnement de s'occuper de ses parents à ce stade difficile de leurs vies est considéré comme étant un honneur, une bénédiction et une occasion de manifester la gratitude. En Islam, il ne suffit pas de prier pour les parents seulement, nous devons plutôt agir avec une compassion illimitée, nous souvenir que quand nous étions des enfants impuissants, ils nous ont préférés à eux-mêmes. Les mères sont honorées en particulier. Quand les parents musulmans atteignent la vieillesse, ils sont traités avec clémence, avec gentillesse et sans égoïsme.

En Islam, servir ses parents est le second devoir après la prière, car il s'agit de leurs droits sur leurs enfants et c'est un acte ignoble envers eux d'exprimer la moindre irritation sans aucune faute de leur part.

Allah dit:

﴾Et ton Seigneur a décrété: "N'adorez que Lui; et (marquez) de la bonté envers les père et mère: si l'un d'eux ou tous deux doivent atteindre la vieillesse auprès de toi,

(114) Rapporté en *Sahîh Mouslim*, No. 2548, et *Sahîh Al-Boukhâri*, No. 5971.

alors ne leur dis point: “Fi” et ne les brusque pas, mais adresse-leur des paroles respectueuses. Et par miséricorde, abaisse pour eux l’aile de l’humilité, et dis: “Ô mon Seigneur, fais-leur, à tous deux, miséricorde comme ils m’ont élevé tout petit”﴾ (17:23,24).

Quels sont les “cinq piliers” de l'Islam?

Les Piliers de l'Islam sont les fondements de la vie islamique. Ils sont au nombre de cinq: Le témoignage de foi, la prière, l’acquittement de la *zakât* (le soutien du nécessiteux), le jeûne pendant le mois de Ramadan, et le pèlerinage à Makkah une fois durant la vie pour ceux qui en sont capables.

1) le Témoignage de Foi:

Le témoignage de foi est le fait de prononcer avec conviction: “***Lâ ilâha ill-lâh, Mohammadoun rasouloul-Lâh.***” Cette expression veut dire **“il n'y a point de divinité en dehors d'Allah (Allah), et Mohammed est le Messager (Prophète) d'Allah”**. La première partie, “il n'y a point de divinité en dehors d'Allah”, signifie qu'aucun n'a le droit d’être adoré autre qu’Allah seul, et ce dieu n'a ni associé ni fils. Ce témoignage de foi est appelé *Ach-Chahâdah*, une formule simple qui doit être dite avec conviction pour se convertir à l’Islam. Le témoignage de foi est le pilier le plus important de l'Islam.

2) La prière:

Les musulmans font cinq prières par jour. Chaque prière ne dure que quelques minutes. La prière en Islam est un lien direct entre l'adorateur et Allah. Il n'y a pas d'intermédiaires entre Allah et l'adorateur.

Dans la prière, l’individu ressent le bonheur intérieur, la paix et le confort, car Allah est satisfait de lui. Le Prophète Mohammed ﷺ dit: {**Bilal, appelle (les gens) à la prière, allons-nous être confortables par elle**}.[115] Bilâl était l’un des compagnons de Mohammed ﷺ qui était chargé d’appeler les gens aux prières.

(115) Rapporté en *Abi Dawoud,* numéro 4985, et en *Mosnad Ahmed,* No. 22578.

Les prières sont à faire: à l’aube (*Fajr*), à midi (*Dhohr*), en après-midi (*Asr*), au coucher du soleil (*Maghrib*), et au coucher du dernier crépuscule (*Ichâ*). Le musulman peut prier presque n'importe où; dans les champs, les bureaux, les usines, ou les universités.

3) L’acquittement de la *Zakât* (le soutien du nécessiteux):

Toutes les choses appartiennent à Allah, et la richesse est par conséquent maintenue par les êtres humains comme dépôts. Le terme *zakât* a deux significations originales: “la purification” et “l’augmentation.” L’acquittement de la *zakât* veut dire “donner un pourcentage spécifié sur certaines propriétés aux gens nécessiteux”. Le pourcentage de deux et demi pour cent (2.5%) est dû sur l'or, l’argent, et les fonds monétaires qui ont atteint le montant d'environ 85 grammes d'or et tenus en possession pour une année lunaire. Nos possessions sont purifiées en remettant une petite portion au profit du nécessiteux. Ceci ressemble à l’élagage des plantes qui les incite à pousser de manière plus harmonieuse.

La personne peut donner aussi autant qu’elle veut comme aumône ou charité volontaire.

4) Jeûner le mois de Ramadan:

Chaque année pendant le mois de Ramadan[116], tous les Musulmans jeûnent de l'aube jusqu'au coucher du soleil, s'abstenant de manger, de boire, de fumer et d’avoir des relations sexuelles.

Bien que le jeûne soit profitable à la santé, il est considéré principalement comme une méthode de purification spirituelle. En

(116) Le mois de Ramadan est le neuvième mois dans le calendrier islamique (lunaire et non solaire).

s'abstenant de conforts séculaires, même pour un temps court, la personne en jeûne gagne aussi bien la vraie sympathie avec ceux qui sont affamés, que l'élévation spirituelle.

5) le Pèlerinage à Makkah:

Le pèlerinage annuel (*Hajj*) à Makkah est une obligation une fois durant la vie pour ceux qui sont physiquement et financièrement capables de l'accomplir. Environ deux millions de personnes vont à Makkah chaque année en provenance des quatres coins du globe. Bien que Makkah soit toujours remplie de visiteurs, le *Hajj* annuel est accompli pendant le douzième mois du calendrier Islamique.

Les pèlerins hommes portent des vêtements simples spéciaux qui annulent les distinctions de classe et de culture afin que tout le monde soit sur un pied d'égalité devant Allah.

Les rites du *Hajj* incluent la circumambulation sept fois autour de la Kaabah et le parcours sept fois entre les deux collines As-Safâ et Al-Marwa, à la mémoire de ce que fit Hâjar quand elle cherchait de l'eau pour son bébé. Ensuite, les pèlerins doivent se trouver ensemble à Arafah[117] demandant à Allah le pardon et ce qu'ils souhaitent, tout en ayant conscience que ce jour-là constitue une illustration du jour du Jugement.

La fin du *Hajj* est marquée par une fête, *Îdoul-Ad'ha* qui est célébrée avec les prières. Celle-ci, et *Îdoul-Fitr*, la fête qui célèbre la fin de Ramadan, sont les fêtes annuelles du calendrier musulman.

Pour Plus d'Informations sur l'Islam

Si vous voulez avoir plus d'informations sur l'Islam, ou si vous avez des questions ou commentaires, ou concernant ce livre en d'autres langues, ou pour des copies supplémentaires de ce livre, veuillez vous connecter à:

www.islam-guide.com/fr

Pour Suggestions et Commentaires sur ce Livre

Si vous avez des suggestions ou commentaires sur ce livre, veuillez les envoyer à l'auteur I. A. Ibrahim sur:

E-mail:ib-fr@i-g.org . Tel: (966-1) 454-1065 . Fax: (966-1) 453-6842 . P.O. Box: 21679, Riyadh 11485, Saudi Arabia.

Aussi, si vous voulez plus d'informations sur l'Islam, vous pouvez contacter l'auteur.

(117) Un endroit à 23 km de Makkah.

Références

Ahrens, C. Donald. 1988, *Meteorology Today*, 3ème ed. St. Paul: West Publishing Company.

Anderson, Ralph K.; et autres. 1978. *The Use of Satellite Pictures in Weather Analysis and Forecasting*. Genève: Secrétariat of the World Meteorological Organization.

Anthes, Richard A.; John J. Cahir; Alistair B. Fraser; et Hans A. Panofsky. 1981. *The Atmosphere*. 3ème ed. Columbus: Charles E. Merrill Publishing Company.

Barker, kennet; et autres. 1985. *The NIV Study Bible, New International Version*. Grand Rapids, Michigan: Zondervan Publishing House.

Bodin, Svante. 1978. *Weather and Climate*. Poole, Dorest: Blandford Press Ltd.

Cailleux, André. 1968. *Anatomy of the Earth*. Londres: World University Library.

Couper, Heather; et Nigel Henbest. 1995. *The Space Atlas*. Londres: Dorling Kindersley Limited.

Davis, Richard A., Jr. 1972. *Principles of Oceanography*. Don Mills, Ontario: Addison-Wesley Publishing Company.

Douglas, J. D. et Merrill C. Tenney. 1989. *NIV Compact Dictionary of the Bible*. Grand Rapids, Michigan: Zondervan Publishing House.

Elder, Danny; et John Pernetta. 1991. *Oceans*. London: Mitchell Beazley Publishers.

Famighetti, Robert. 1996. *The World Almanac and Book of Facts 1996*. Mahwah, New Jersey: World Almanac books.

Gross, M. Grant. 1993. *Oceanography, a View of Earth*. 6ème ed. Englwood Cliffs: Prentice-Hall, Inc.

Hickman, Cleveland P.; et autres. 1979. *Integrated Principles of*

Zoology. 6ème ed. St. Louis: The C. V. Mosby Company.

Al-Hilali, Mohammed T.; et Mohammed M. Khan. 1994. *Interpretation of the Meanings of the Noble Qur'an in the English Language*. 4ème édition revisée. Riyadh: Maktabat Daroussalam.

The Holy Bible, Containing the Old and New Testaments (Revised Standard Version). 1971. New York: William Collins Sons & Co., Ltd.

Ibn Hicham, Abdoul-Malik. *Al-Serah Al-Nabaweyyah*. Beyrouth: Dar El-Marefah.

The Islamic Affairs Department, The Embassy of Saudi Arabia, Washington, DC. 1989. *Understanding Islam and the Muslims*. Washington, DC: The Islamic Affairs Department, The Embassy of Saudi Arabia.

Kuenen, H. 1960. *Marine Geology*. New York: John Wiley & Sons, Inc.

Leeson, C. R.; et T. S. Leeson. 1981. *Histology*. 4ème ed. Philadelphia: W. W. Saunders Company.

Ludlam, F.H. 1980. *Clouds and Storms*, Londres: The Pennsylvania State University Press.

Makky, Ahmad A.; et autres. 1993. *Ee'jaz al-Qur'an al-Kareem fee Wasf Anwa' al-Riyah, al-sohob, al-Matar*. Makkah: Commission on Scientific Signs of the Qur'an and Sunnah.

Miller, Albert; et Jack C. Thompson. 1975. *Elements of Meteorology*. 2ème ed. Columbus: Charles E. Merrill Publishing Company.

Moore, Keith L.; E. Marshall Johnson; T. V. N. Persaud; Gerald C. Goeringer; Abdul-Majeed A. Zindani; et Mustafa A. Ahmed. 1992. *Human Development as Described in the Qur'an and Sunnah*. Makkah: Commission on Scientific Signs of the Qur'an and Sunnah.

Moore, Keith L. 1983. *The Developing Human, Clinically Oriented Embryology, With Islamic Additions*. 3ème ed. Jeddah: Dar Al-Qiblah.

Moore, Keith L.; et T. V. N. Persaud. 1993. *The Developing Human, Clinically Oriented Embryology*, 5ème ed. Philadelphia: W. B. Saunders Company.

El-Naggar, A. R. 1991. *The Geological Concept of Mountains in the Qur'an*. 1ère ed. Herndon: International Institute of Islamic Thought.

Neufeldt, V. 1994. *Webster's New World Dictionary*. Third College Edition. New York: Prentice Hall.

The New Encyclopaedia Britannica. 1981. 15ème ed. Chicago: Encyclopaedia Britannica. Inc.

Noback, Charles R.; N. L. Strominger; et R. J. Demarest. 1991. *The Human Nervous System, Introduction and Review*. 4ème ed. Philadelpha: Lea & Febiger.

Ostrogorsky, George. 1969. *History of the Byzantine State*. Traduit de l'Allemand par Joan Hussey. Edition Revisé. New Brunswick: Rutgers University Press.

Press, Frank; et Raymond Siever. 1982. *Earth*. 3ème ed. San Francisco: W. H. Freeman et Cie..

Ross, W. D.; et autres. 1963. *The Works of Aristotle Translated into English: Meteorologica*. Vol. 3. London: Oxford University Press.

Scorer, Richard; et Harry Wexler. 1963. *A Colour Guide to Clouds*. Robert Maxwell.

Seeds, Michael A. 1981. *Horizons, Exploring the Universe*. Belmont: Wadsworth Publishing Company.

Seeley, Rod R.; Trent D. Stephens; et Philip Tate. 1996. *Essentials of Anatomy & Physiology*. 2ème ed. St. Louis: Mosby-Year Book, Inc.

Sykes, Percy. 1963. *History of Persia*. 3ème ed. Londres: Macmilllan & Co. Ltd.

Tarbuck, Edward J.; et Frederick K. Lutgens. 1982. *Earth Science*. 3ème ed. Columbus: Charles E. Merrill Publishing Company.

Thurman, Harold V. 1988. *Introductory Oceanography*. 5ème ed. Columus; Merrill Publiching Company.

Weinberd, Steven. 1984. *The First Three Minutes, a Modern View of the Origin of the Universe*. 5ème imprimée. New York: Bantam Books.

Al-Zarkashy, Badr Al-Deen. 1990. *Al-Borhan fee Oloom Al Qur'an*. 1ère ed. Beyrouth. Ar El-Marefah.

Zindani, A. A. *This is the Truth* (vidéocassette). Makkah: Commission on Scientific signs of the Qur'an and Sunnah.

La Numérotation des Hadiths:

La numérotation des Hadiths[119] est basée dans ce livre sur le critère suivant:

- *Sahîh Mouslim*: selon la numérotation de Mohammed F. Abdoul-Bâki.
- *Sahîh Al-Boukhâri*: selon la numérotation de *Fat'hil-Bâri*.
- *At-Tirmithi*: selon la numérotation d'Ahmed Chaker.
- *Mosnad Ahmed*: selon la numérotation de *Darit-Torâth-il-Arabi*, Beyrouth.
- *Mouwatta' Mâlik*: selon la numérotation de *Mouwatta' Mâlik*.
- *Abou Dawoud*: selon la numérotation de Mohammed Mouhyid-Dîn Abdoul-Hamîd.
- *Ibn Mâjah*: selon la numérotation de Mohammed F. Abdoul-Baki.
- *Ad-Dârimi*: selon la numérotation de Khâlid Al-Saba Al-Alamy et Fawwaz Ahmed Zamarly.

119 Un Hadith est un rapport transmis par les compagnons du Prophète sur ce qu'il a dit, fait ou approuvé.